日本労働法学会誌107号

労働契約法の基本理論と政策課題

日本労働法学会編
2006
法律文化社

目　次

《シンポジウム》
労働契約法の基本理論と政策課題

《報　告》
労働契約法制の立法化をめぐる議論と基本課題……… 浜村　　彰　3
　　　──報告の趣旨説明──
労働契約法の適用範囲とその基本的性格……………… 鎌田　耕一　17
企業の社会的権力コントロールと労働契約法………… 三井　正信　34
有期労働契約法の新たな構想…………………………… 川田　知子　52
　　　──正規・非正規の新たな公序に向けて──
労働契約内容の特定と変更の法理……………………… 野川　　忍　71
　　　──就業規則による労働契約コントロールの構造──

《シンポジウムの記録》
労働契約法の基本理論と政策課題………………………………………　94

《回顧と展望》
信金労組役員に対する懲戒解雇無効と
　代表理事らの善管注意義務・忠実義務違反 ………… 天野　晋介　129
　　　──渡島信用金庫（会員代表訴訟）事件＝札幌高判平16・9・29
　　　労判885号32頁──
業務の外部委託に伴う契約期間途中の解雇
　および雇止めの効力 …………………………………… 金井　幸子　141
　　　──ネスレコンフェクショナリー関西支店事件・
　　　大阪地判平17・3・30労判892号5頁──

《特別企画》 労働法教育の今日的課題
労働法教育の課題……………………………………道幸　哲也　153
労働法研究者の養成教育……………………………島田　陽一　162
法科大学院における労働法教育……………………石田　　眞　172
学部レベルにおける労働法教育……………………菊池　高志　180
労働組合における労働法教育………………………高橋　　均　189
　　――労働者の権利状況と権利教育――

日本学術会議報告……………………………………浅倉むつ子　201
日本労働法学会第110回大会記事………………………………… 204
日本労働法学会第111回大会案内………………………………… 209
日本労働法学会規約………………………………………………… 211
SUMMARY …………………………………………………………… 215

《シンポジウム》
労働契約法の基本理論と政策課題

労働契約法制の立法化をめぐる議論と基本課題
　　——報告の趣旨説明——　　　　　　　　　　　　　　浜村　　彰
労働契約法の適用範囲とその基本的性格　　　　　　　　鎌田　耕一
企業の社会的権力コントロールと労働契約法　　　　　　三井　正信
有期労働契約法の新たな構想
　　——正規・非正規の新たな公序に向けて——　　　　川田　知子
労働契約内容の特定と変更の法理
　　——就業規則による労働契約コントロールの構造——　野川　　忍

《シンポジウムの記録》

労働契約法制の立法化をめぐる議論と基本課題
——報告の趣旨説明——

浜 村　　彰

(法政大学)

I　はじめに

　戦後労働法学において労働契約論は一貫してメインテーマの1つを形成してきたが，1970年代の「労働契約論争」を経た以降は，就業規則の不利益変更などの解釈理論の構築にもっぱら関心が向けられてきた。しかし，1990年代に入ってから労働契約法制の制定をめぐる議論が本格化しはじめ，昨年9月に厚生労働省「今後の労働契約法制の在り方に関する研究会」報告書（以下，報告書という）が出されるに及んで，いよいよ労働契約法の制定が具体的日程に上り始めている。

　とはいえ，この報告書の内容については学会においても評価が分かれており，後述するようにほぼ同じ時期にそれと異なった立場からの立法的提言もなされている。そうした状況の中で，昨年（2005年）の10月にこの問題をテーマとした日本労働法学会第110回大会シンポジウム「労働契約法の基本理論と政策課題」が開催され，そこで4名の会員による報告を受けて活発な議論が交わされた。本稿は，司会者としてこの学会で行った報告全体の趣旨説明をもとに，これまでの労働契約法制の立法化をめぐる議論の経緯を簡単に整理したうえで，労働契約法制の基本課題について若干の検討を加えるものである。

---

1)　戦後労働法学の労働契約論めぐる議論の推移について詳しくは，石田眞「労働契約論」籾井常喜編著『戦後労働法学説史』（労働旬報社，1996）615頁以下参照。
2)　当時の労働契約法制の制定論議の状況については，金子征史「労働契約法制の立法論的検討」学会誌82号（1993）5頁以下参照。

シンポジウム（報告①）

Ⅱ 今，なぜ労働契約法なのか？

1 労働契約法の立法化をめぐる議論の経緯

　周知のようにこれまで労働契約法の制定論議をリードしてきたのは，厚生労働（旧労働）省労働基準法研究会の報告書である。とはいっても，1979年と1985年の２つの報告書では，労働契約紛争の簡易迅速な解決手続の導入が提案されていたものの，労働契約に関する実体法の制定については積極的提言はなされていない。これに対し，1993年の報告書では，労働契約全般をめぐる問題を検討したうえで「経済社会情勢の変化に適合した新たな労働契約法制を構築する必要がある」という指摘がはじめて明確になされた。しかし，具体的内容を見ると，労働条件明示の強化を中心とした労基法の労働契約に関する規定の手直しにとどまっており，労基法とは別個の労働契約法制の制定はむろんのこと，解雇理由一般の法定化についても「法律をもって一律に規制することは適当ではない」として消極的姿勢がとられていた。

　このように政策立案サイドが，労基法とは別建ての労働契約法の制定に積極的でなかった理由としては，80年代後半から男女雇用機会均等法・派遣法の制定や労基法の大幅な改正など労働契約以外の領域での労働関連立法の制定・改正が目白押しに続いてエネルギーの大半がそれに費やされざるを得なかったこと，あるいは就業規則の不利益変更や解雇については比較的早い時期から最高裁判決が出されていたが，それ以外の労働契約をめぐる判例法理が本格的に形成されていくのは80年代から90年代においてであり，判例ルールが安定的に形成・定着をみない段階で労働契約法の制定作業に着手するのは時期尚早すぎる

3）　労働基準法研究会「労働契約・就業規則関係」月間労働問題増刊『労基研報告評注』（1980）21頁以下，労働省労働基準局編『労働基準法の問題点と対策の方向』（日本労働協会，1986）３頁以下参照。たとえば両報告書とも，就業規則の不利益変更については裁判例の集積整理が必要であると指摘するにとどまり，問題解決に向けた立法的提言は行っていない。

4）　労働基準法研究会労働契約等法制部会報告「今後の労働契約等法制のあり方について」労旬1314号（1993）41頁以下。

との事情があったかもしれない。

これに対して，学界においては労働契約法の制定に積極的な見解が少なくなく，とくに前記1993年報告書を契機に本格的に展開されはじめる。実際，ほぼ同時期に「労働契約法制の立法論的検討」と題した学会の統一シンポジウムが開催されたし，それに前後して様々な研究者による立法的提言がなされるとともに，とりわけ日本労働弁護団は，94年から4度にわたって独自提案を行っている。また，労働サイドからも2001年には連合の「労働契約法案要綱骨子案」が公表され，学会でも，同年10月には，「解雇法制の再検討」と題する統一シンポジウムが開催されている。

2 今，なぜ労働契約法なのか？

それでは，今日，なぜ労働契約法の制定論議が再び本格化したのであろうか。その直接の引き金となったのは，繰り返すまでもなく厚生労働省が2004年4月に先の研究会を設置して，労働契約法の制定に向けた検討作業に着手したことである。この研究会の設置それ自体は，2003年労基法改正に際して採択された衆参両院付帯決議に基づいている。とはいえ，厚生労働省では，もともと一連の労働立法の改編作業が一段落した段階で，最後に残された大きな立法課題である労働契約法の立案作業に取り組む予定であったようである。こうした作業の着手を促す背景事情としては，報告書も指摘するように次のような点を挙げることができる。

その1つは，近年とみに就業形態・人事管理等の多様化・個別化が急速に進

---

5) 93年報告書に先立つ議論としては，片岡曻・西谷敏「労働契約・就業規則法制の立法論的検討」労旬1279・80号（1992）4頁以下，毛塚勝利「雇用慣行の変化に伴う労働契約法制の見直し動向」労働法学研究会報1878号（1992）1頁以下など参照。
6) この学会シンポとそれに前後した学会の議論の状況については『労働契約法制の立法論的検討』学会誌82号（1993）所収の各論文参照。
7) 季刊労働者の権利204号（1994），同210号（1995），同245号（2002），同260号（2005）。
8) 「解雇法制の再検討」学会誌99号（2002）。
9) この付帯決議では「労働条件の変更，出向，転籍など，労働契約について包括的な法律を策定するため，専門的な調査研究を行う場を設けて積極的に検討を進め，その結果に基づき，法令上の措置を含め必要な措置を講ずること」という項目が含まれていた。

シンポジウム（報告①）

み，従来の労基法のような一律的規制では十分に対応できなくなったことである。労働条件が個別的に決定される領域が拡大するならば，労使間で自主的かつ対等に決定されるための公正なルールの制定が求められる。その2つは，喪われた90年代以降，解雇や労働条件の引き下げなどをめぐる個別的労働関係紛争が急増する一方，それと反対に組合組織率の低下により労使自治の機能が低下していることである。労使自治による自主的解決にアクセスできない孤立した労働者を支援するための明確な法ルールの設定が必要となる。その3つは，これらのルールが予測可能性を備えた透明なルールとして定立されなければならないことである。確かに法の空白を埋めるために多数の裁判例が集積され，判例法として確立したルールもあるが，今なお安定せず裁判所によって判断が分かれるものも少なくないし，なによりも法としての明確さに欠ける。その4つとして，労働契約に関する紛争処理手続が個別労働関係紛争解決促進法や労働審判法の制定により整備化されたことにともない，その準拠規範となる労働契約実体法の必要性が強まったことである。そして，最後に90年代後半に入ってからの事前規制から事後的規制への規制緩和の流れの中で，労働契約についても明確な事後的紛争解決ルールの策定が求められたことも付け加えるべきであろう。

Ⅲ 労働契約法案の特徴と今後の基本課題

1 報告書の基本的特徴

このような事情を踏まえると，報告書が提案するように労働契約法制の制定が必要なことは確かである。また，報告書の提案内容をみても，最近の一連の労働法制の改編と同様に，これを単純に規制緩和の流れの中に位置づけることは適切ではない。実際，これまでの労基法や労働者派遣法の規制緩和は，総合規制改革会議などの答申の大枠に沿って実現されてきたが[10]，今回の労働契約法制の立案作業はあくまでも厚生労働省のイニシアチブの下で進められている。

---

10) 浜村「構造改革と労働法制」学会誌103号（2004）105頁以下参照。

現在の規制緩和政策の旗振り役である規制改革・民間開放推進会議の答申など
を見ても，官業への市場化テストの導入が中心課題とされ，労働契約法制の制
定にはあまり関心が払われていない[11]。もっとも，報告書は使用者の申立てによ
る解雇の金銭解決制度等の導入も提案しているから，規制緩和的な性格がない
わけではない。それはともかく，報告書の労働契約法制案の特徴としては次の
点を指摘することができよう。

その第1は，「労使自治の尊重と労使の実質的対等決定の確保」を新しい労
働契約法の基本的考え方に据えていることである。したがって，労働契約法案
は，労働条件の労使の自主的決定をサポートする民事法として，公正ルールと
しての強行法規だけではなく手続規定や任意規定も組み合わされたものとなっ
ている。

第2に，労働契約の新たなルールについては基本的に判例法理を取り込む手
法が採られている。単なる判例法理の立法化ではなく，その内包する問題や限
界を踏まえて一定の修正を加えているが，採用，配転・出向，付随義務に関す
る部分などその多くは判例法理をベースとしている。もっとも，従来の判例法
理に理論的または法的処理の上で難点がある問題については，新たな立法上の
根拠を与えてその解決を図っている。就業規則の不利益変更や雇用継続型契約
変更制度，解雇の金銭解決制度などがこれに当たるが，報告書の中で最も論議
を呼ぶ内容となっている。

第3に報告書は，これらの新たなルールの手続的規制の一環として労使委員
会という常設的な労使協議機関を導入し，それに大きな役割を担わせている。
労使の実質的対等決定の確保という基本的考え方を具現するものであるが，従
来の労基法上の過半数代表や労使委員会とは性格や権限のうえでかなり異なっ
ている。

---

11) たとえば昨年12月に公表された同会議「規制改革・民間開放の推進に関する第2次答申」
では，労働時間の適用除外の拡大と労働者派遣の事前面接解禁などが改革課題として上げ
られているものの，労働契約法制の整備については，「労使双方の意思（労使自治）を可能
な限り尊重する必要があること等の点に留意しつつ，労働政策審議会における議論を深め，
労働契約法制の在り方について，引き続き検討を行い，その結論を得るべきである」との
指摘がなされているにすぎない。

シンポジウム（報告①）

　第4に，これが報告書の最も大きな特徴であるが，労働契約法上の労働条件決定システムの中心に就業規則があらためて据えられていることである。就業規則の最低基準効を定める労基法93条が労働契約法に移されると同時に，新たに就業規則の法的拘束力（労働契約の内容となる効力）を定める規定が創設され，それに加えて就業規則の不利益変更を法的に根拠付ける新たな規定も設けられている。

2　労使の反応とその他の労働契約法制案

　こうした報告書の提案についてはすでに様々な見解が表明されているが[12]，労使の姿勢はかなり慎重である。日本経団連および経営法曹会議は，解雇の金銭解決制度を除けば，労使の自主的決定を妨げる画一的規制や判例法理の法規定化には消極的姿勢を示している[13]。他方，連合などの労働サイドは，これと対照的に労働契約紛争の予防や解決基準としての労働契約法の制定に積極的であるが，報告書が示した改正方向には懸念を表明しており，とくに労使委員会の常設機関化，雇用継続型契約変更制度，使用者による解雇の金銭解決申立制度などに対して強い反撥を隠していない[14]。そして，報告書を受けて開始された労働政策審議会労働条件分科会の審議においては，労使とも「同報告の方向性にとらわれることなく」（日本経団連），あるいはこれを「今後の審議のベースとはしない」（連合）という基本方針に立ち，慎重に時間をかけて議論を尽くすべきとする点で，くしくも見解の一致を見ているようである。

　他方，この報告書とほぼ同時期に2つの労働契約法制の立法構想が公表され

---

12)　たとえば研究会の中間取りまとめの評価については，「『今後の労働契約法制の在り方に関する研究会中間取りまとめ』を読んで」労旬1600号（2005）4頁以下，および最終報告については「あるべき労働法制を考える」季刊労働者の権利262号（2005）2頁以下に掲載された各論稿参照。

13)　日本経団連「労働契約法制に対する使用者側の基本的考え方」（2005, http://www.keidanren.or.jp/japanese/policy/2005/069.html）。経営法曹会議労働契約法制研究プロジェクトチーム「今後の労働契約法制の在りかたについて」（2004, http://www.keieihoso.gr.jp/teigen-200503.pdf）。

14)　「『今後の労働契約法制の在り方に関する研究会』最終報告に対する労働組合の見解」労旬1608号（2005）69頁以下参照。

資料　3つの立法提言の比較対照表

項目／提言	厚生労働省報告書	弁護士立法提言	労働契約法試案
労働契約法の基本原則	労使自治の尊重と実質的対等性の確保	労使対等決定と労働者の人権擁護	取引的公正原理、適正契約原理、社会的公正原理
集団的労働条件の変更	就業規則の不利益変更事項について、①過半数組合の合意または労使委員会の5分の4以上の決議に基づく内容の合理性の推定、もしくは②変更内容の合意性を条件とする使用者の一方的変更権限	就業規則の不利益変更条項が労働者に受忍させるだけの高度の必要性に基づいた合理的な内容のものであることを条件とする使用者の一方的変更権限	①労働者代表との協議による就業規則その他の統一的労働条件の使用者による変更申入れと承諾拒否した労働者に対する契約変更請求権②倒産時の労働者代表との合意に基づく変更解約告知
個別的労働条件の変更	雇用継続型契約変更制度（変更解約告知または使用者の契約変更権）	とくになし	①労使間の協議で合意が成立しない場合の裁判所に対する双方の変更請求権②賃金等の労働条件の重要な要素については使用者の約定変更権
配転	権利濫用法理の法規定化と使用者の講ずべき措置の指針化（労使委員会の事前協議等は権利濫用の判断要素となる）	業務上の必要性・人選の合理性あり、不利益が軽微であるとともに、30日前に事前説明・意見聴取することを条件とする使用者の配転命令権	①配転変更権に基づく場合には労働者に対する協議説明と権利濫用法理による規制②配転変更権がないときは労働者の同意または契約変更請求権
解雇規制	・客観的合理的理由となる解雇事由の類型化 ・使用者の講ずべき措置の指針化	・整理解雇の4要件の法規定化 ・普通解雇の要件化と弁明の機会の付与	解雇の一般手続、整理解雇の特別手続の法規定化・確定判決前の原職復帰命令
解雇の金銭解決	労使双方の申立による解雇の金銭解決制度	労働者の選択による解雇相当額等の賠償請求	労働者の請求に基づく契約終了と補償・確定判決前の原職復帰命令・賃金支払い
有期労働契約	契約期間の書面の明示と試行雇用契約の導入	正当事由ある場合に限定	利用事由の限定列挙
労働者代表制	組合並存型の労使委員会制度の導入	今後の課題	今後の課題

シンポジウム（報告①）

ている。その1つは，日本労働弁護団の「労働契約法制立法提言」[15]である。この提言は，従来の判例法理を基本ベースとしつつ，「要件と効果」を明確にするというスタンスに立って詳細な法規定化を試みているところに特徴がある。もう1つは，労働契約法制研究委員会報告書「労働契約法試案」[16]である。この試案は，従来の判例法理に必ずしも追随せずに，ヨーロッパ型モデルを参考として労使対等決定原則を基本に据えた新たな労働条件の決定・変更制度の積極的導入をはかるとともに，解雇や有期労働契約の規制を一層強化しようとする点で特徴的である。これらの3つの立法提案の主な内容を整理したのが比較対照表である（資料参照）。3案とも，労働契約法を民事特別法と位置づける点では共通しているが，具体的な提案内容をみると3者3様といえるほどの違いがある。

3 労働契約法制の基本課題

以上のように，使用者サイドを除けば，労働契約法制の制定が必要なことについてはほぼ意見の一致を見ているが，その具体的内容に関してはかなりの見解の開きがある。また，この問題を正面から議論する環境が整いかつ立案作業がすでに開始されているにもかかわらず，厚生労働省の2007年国会への法案上程というスケジュールに従って労働契約法制が早急に実現されるべきという声は大きな広がりをもって聞こえてこない。おそらく労働基準法に匹敵するほどのスケールの大きい法律だからこそ，じっくり時間をかけて議論を尽くすべきであるとの認識が共有されているからであろう。ともあれ，新たな労働契約法制を構想するにあたって検討されるべき基本課題として以下の点を指摘することができる。

その第1は，労働契約法制における労働条件決定システムの基本設計に関わる問題である。これまでの最高裁を中心とする判例法理によって形成されてきた労働契約法の最も大きな問題は，就業規則の労働条件決定・変更機能の肥大化と労働者の個別意思の軽視にある。本来，労働契約の内容は契約当事者たる

---

16) 労働契約法制研究委員会報告書『労働契約法試案』（連合総研，2005）。
15) 季刊労働者の権利260号（2005）2頁以下。

労使の合意に基づいて形成・変更されるというのが契約法原理や労使対等決定原則の要請するところであるが，従来の判例法理は，就業規則を通じた使用者による労働条件の一方的決定・変更を安易に肯定してきたきらいがある。新たな労働契約法制を構想する場合には，このように肥大化した就業規則の機能を抑制し，契約法原理に従った労働契約内容の決定・変更制度の再構築をはかるべきであろう[17]。

その意味で，従来の判例法理を追認してそれに立法的根拠を与えようとする報告書の提案には賛成できない。とりわけ，労働条件の変更に関する判例法理は，それに関する法制度が存在しないがゆえに契約法原理に目をつぶってまでして編み出された法解釈技術として性格を有するが，立法によって新たな変更制度を創設しようとするならばあえてそれを踏襲する必要はない。また，同じ契約内容の変更問題であるにもかかわらず，なぜ立法論として集団的労働条件は就業規則法理に依拠し，個別的労働条件は変更解約告知でというように両者で異なった手法をとらなければならないのであろうか。すでに労働契約内容の変更が権利義務関係の存否という白黒決着になじまない利益紛争的性格を持つことを踏まえて，裁判所による一種の強制仲裁的な形成判断を求める権利として労使双方の変更請求権を構想すべきとの見解も主張されている[18]。労使対等決定を基本原則とするならば，このように従来の就業規則法理から離れてまずは個別契約法理レベルでの変更制度を検討すべきであり，それを基本としたうえで労働条件の集団的画一的性格を踏まえた変更手続を構想するというのも１つの選択であろう。

また，かりに就業規則などを通じた統一的労働条件の設定とそれによる契約内容の形成が避けられないとしても，労働者の自由な意思決定の機会をできるかぎり保障するような法的規制が加えられるべきである。たとえばこうした統一的契約約款を労働者に明示・周知するにとどまらず，労働者にこれを直接交

---

17) 毛塚勝利・道幸哲也「労働契約の決定・変更と就業規則／労働協約」労判902号（2006）6頁以下，根本到『中間取りまとめ』における『自主的な決定』の『空虚さ』について」労旬1600号16頁以下，本久洋一「労働者の意思とは何か」同30頁以下参照。
18) 毛塚勝利「労働契約変更法理再論」水野古稀記念『労働保護法の再生』（信山社，2005）3頁以下，前掲注16) 118頁以下参照。

付しその具体的内容に関して使用者が十分に説明・情報提供しなければ労働契約の内容にならないとしたり[19]、配転義務条項のように使用者の一方的決定・変更権限を包括的に設定するような条項については、労使対等決定原則に背反するものとして労働者に対する法的拘束力を認めない（例文または記載されていないものとみなす）としたりするような規制も検討すべきと思われる[20]。報告書がいうように「労使の実質的対等決定の確保」を基本に据えるとするならば、従来の就業規則に偏重した労働条件決定システムを見直し、労働者の主体的意思決定の機会をできるかぎり保障しながら、「労使自治」を実質化する方向で立法構想を行うべきであろう。

　第2の基本課題は、労働契約関係における基本権保護・平等原則の確立である。この点につき報告書は、人種・国籍・信条・性別等を理由とする差別的取扱いの禁止規定を労働契約法制で重ねて設ける必要性はなく、雇用形態に基づく差別についてもその就業の実態に応じた均等待遇が図られるべきことを明らかにする必要があると述べるにとどまる。

　しかし、労働契約関係においては様々な場面と形態で労働者の基本権や人格的利益の侵害が引き起こされている。労働者の生命・身体はいうに及ばず、労働者のプライバシーや市民的自由、あるいは労働者の職業的利益や家族的利益など、多種多様な法益が日常的な危険にさらされている。かつていわれたように、労働契約は単なる経済人を主体とする取引契約ではなく、「労働者が人格の容器である身体をひっさげて使用者の指揮に服するところに労働関係が他の取引関係と異なる特質が存する[21]」とするならば、やはり労働契約法制の基本原則の1つとして労働契約関係における一般条項としての労働者の基本権保護・平等原則の法規定化を検討すべきであろう。もとより労働者の個人情報保護や安全配慮義務などに関する規定により労働者の人格的利益の保護が一定程度図られるが、そうした具体的保護の網の目からすり抜ける人格的利益の侵害の受け皿となる一般条項が必要と思われるのである。

---

19)　西谷敏『規制が支える自己決定』（法律文化社、2004）383頁以下参照。
20)　浜村「包括的合意に基づく使用者の一方的決定権限」労旬1588号（2004）4頁以下参照。
21)　有泉亨『労働基準法』（有斐閣、1963）88頁。

また，最近の日本型雇用システムの見直しともに急速に進行している労働者間の「身分格差」の拡大を放置すべきではない。日本的雇用慣行の縮小により労働者の職業的自立と能力・成果主義的処遇システムの導入が声高に主張されているにもかかわらず，パート等の非典型雇用であるがゆえの不合理な労働条件格差を是認することは労働者の人格的利益としての職業的能力を侵害することになる。報告書は，「均等待遇が図られるべきことを明らかにする」と述べるだけで法原則として明記するのか定かではないが，こうした労働者の人格的利益の尊重としての均等待遇原則の確立は雇用社会の歪みと労働者の分断を避けるうえで必要不可欠というべきである。

　第3の基本課題は労働者代表制度の再編である。報告書は，労働契約法制上の常設的労使協議機関として労使委員会を導入し，その決議に就業規則の不利益変更や解雇の金銭解決制度などに関して一定の効果（たとえば就業規則の不利益変更の合理性推定）を与えようとしている。これまで従業員代表の法制化について反対論も根強く主張されていたことからすれば，それを肯定する方向で提案したことの意義は大きい。

　しかし，具体的制度設計として労使委員会の自主性や民主性などに関して曖昧な点を残しているばかりではなく，労働組合を第一次的担い手とする伝統的な労使自治の枠組みを大きく変容させる可能性を内包している。とりわけ，報告書によると，過半数組合が存在する事業場においてもそれと併存する形で労働者直接選出方式の労使委員会を設置しうることとし，その決議が労基法上の特例協定や企画業務型裁量労働制に関する労使委員会決議に代替しうるだけではなく，その決議または労働者委員の合意に基づく就業規則の内容または変更の合理性の推定という操作を通じて，労使委員会に対し労働条件一般に関する設定・変更権限を法制度的に与えることとされている。この提案が実現された場合には，過半数組合からこれまでの優先的代表資格が奪われ，組合の対抗勢力が育成されるおそれがあるし，組合が存在しない事業場では組合結成のモチベーションが失われてしまうことになりかねない。[22]したがって，この問題は，

---

[22] この点について詳しくは，浜村「労働契約法制と労働者代表制度」労旬1615・16号（2006）44頁以下参照。

シンポジウム（報告①）

労働契約法制だけではなく，労基法や労組法などの様々な労働立法を巻き込んだ日本の将来の労働者代表制度と労使関係システムのあり方全体に関わる問題として，労働契約法制とはいったん切り離して議論することが必要であろう。

Ⅳ　本学会報告の基本趣旨

　本学会報告では，全体の表題を「労働契約法の基本理論と政策課題」としたように，労働契約法制に関わる問題を網羅的に採り上げるのではなく，労働契約法制全体の中で特に重要で基本理論まで遡って検討すべきと考えられる4つのテーマに焦点を絞って報告することとした。この4つのテーマについて，これまで基本的にどのような論議がなされてきたのか，それを踏まえて労働契約法制を展望する場合に，あらためてどのような形で議論が尽くされるべきか，そして，そのような理論的検討を踏まえたうえでどのような立法論上の選択肢が展望されうるのか，という問題提起型の報告を行うことにした。したがって，具体的な労働契約法制案の提示は行っていない。先に述べたようにすでに優れた立法的提言が報告書以外にもいくつかなされている。これらの提言を参考にしながら，具体的立法案を作成するにあたって基本的に検討すべき理論課題を析出し，それらの課題について十分に議論を重ねたうえで立法上の制度設計をすべきというのが報告者の共通認識となっている。

　また，学会シンポで報告する場合には，報告者の間で問題意識を共有し，全体に貫通する基本理念を設定して見解の統一を図ることが望ましいが，本報告ではあえて理念や見解の統一を図らず，各報告者がそれぞれよって立つ原理・原則的立場から，自由な問題提起と主張を行ってもらい，学会の自由闊達な議論を喚起することとした（その意味で，これまで本稿で述べてきたことについても，報告者全員の共通認識となっているわけではない）。

　このような基本趣旨に基づき各報告者から次のような報告がなされた。

　まず，最初の鎌田会員の報告では，「労働契約法の適用範囲とその基本的性格」と題して，委託労働者など多様な形で働く就労者に関する労働契約法の適用問題が検討されている。具体的には，労働契約法の適用は労働契約の概念

(性質決定）によって画定すべきとしつつも，民法上の雇用契約の概念それ自体を見直しながら従来の人的従属性を基本要素とする通説的労働契約概念を批判し，新たに使用者の危険負担と計算の下に自ら労務を提供することを労働契約の本質的要素として労働契約法の適用範囲を広く解して，当該規定の性質と趣旨・目的を考慮して適用されるべきか否かを最終的に決定すべきと主張されている。

第2の三井会員の「企業の社会的権力コントロールと労働契約法」と題する報告では，労働者の契約主体性の確保と企業の社会的権力のコントロールによる実質的対等性の保障という独自の視点から労働契約法の基本理念・原理を再構成したうえで，それに基づき労働契約の展開・終了に関わる問題として，労働者の人権保障については一般的な人権保護規定の創設，人事異動としての出向については具体的事前同意の原則，解雇については使用者の金銭解決申立制度を排しながら，準解雇・擬制解雇等による法規制の必要性を主張している。

第3の川田会員の報告「有期労働契約の新たな構想」は，有期労働契約に関する現行法制度と従来の議論の問題点を批判的に検討したうえで，契約期間の有無（正規か非正規か）の区分を超え，両者を同一の規整原則の下に置くための新たな有期労働契約法の立法構想を提示している。具体的には有期労働契約の雇止め問題については，2003年労基法改正によって解雇権濫用法理を確認する強行規定が立法化されたことから，脱法行為の理論に基づいて有期労働契約の締結については「客観的に合理的な理由」といった利用事由の限定を行うとともに，労働条件格差問題については，労働者が差別の存在することを立証すればその合理的理由の証明責任は使用者が負い，それが証明されない場合には労働者に均等な処遇を受ける権利を認める「特別な均等待遇原則」を確立すべきと主張している。

最後の野川会員による「労働契約内容の特定と変更の法理」と題する報告では，就業規則による労働条件の決定・変更に関する従来の議論を労働契約の内容はいかにして確定されるのか，その確定のプロセスにおいて就業規則はどのように機能するのかという視点から，従来の労働契約の内容形成と変更に関する法理論が総括的に検討されている。そして，労働者の個々の合意によらず，

シンポジウム（報告①）

就業規則の適用対象全体への規範性を確保しながら，契約原則に反しない論理構成が求めてられているとして，制度としての就業規則が適用される一員になることを労働者が了解している場合には就業規則の規定が労働契約の内容となり，就業規則の不利益変更についても合理的に検討すれば大多数の労働者が同意するであろうと想定されるような場合には，労働者があらかじめ同意していると解することが可能であると主張している。

　以上のような4つの柱にテーマを絞った関係から，シンポジウムで本来議論すべき重要な論点が抜け落ちているかもしれない。しかし，前述したように基本的に重要な論点に絞って掘り下げた議論をすべきという基本スタンスに立ち，また，シンポジウムの議論の時間にかぎりがあったことから，こうした形で論点の絞込みを行うこととした。今後の活潑な議論が行われることを節に願う次第である。

（はまむら　あきら）

労働契約法の適用範囲とその基本的性格

鎌 田 耕 一

(東洋大学)

I 本稿の目的

　本稿は，労働法学会第110回大会で筆者が行った報告「労働契約法の立法化の意義と労働契約法の適用範囲」をシンポジウムでの議論を踏まえて再考したものである。

　報告では，厚生労働省・労働契約法制の在り方研究会（座長菅野和夫教授）の「今後の労働契約法制の在り方に関する研究会報告書」（以下では「報告書」）の「基本的考え方」および「総論」部分で提起されている問題を対象として，①立法化の意義，②労働契約の概念および労働契約法の適用範囲，および③労働契約法の基本的性格を検討した。

　本稿では，シンポジウムでの議論が上記②③に集中していたので，上記①を紙幅の都合で割愛する。そのため，タイトルを労働契約法の適用範囲とその基本的性格に改めた。

　近年，就業形態の多様化に伴い，指揮命令下で労務を提供する伝統的な労働者に対して，使用従属性はないが経済的に従属している労働者が増大している。このことは法的に三つの問題を提起していると思われる。

　第一に，労働者と自営業者との中間に位置する就業者に対する保護の問題（契約労働者の保護）であり，第二に，労働基準法等の労働法規の適用範囲の画定の問題であり，第三に，労働契約概念の再検討と労働契約法の適用範囲の問題である。これらは，密接に関連しているが，相互に独立した問題である。本

---

1) 契約労働の法的問題については，橋本陽子「『契約労働』（Contract Labour)」『労働法の争点』（第3版）（2004）277頁以下参照。

稿は，主として第三の問題を扱っている。

II　問題の所在

1　労働契約の概念と労働契約法の適用範囲

「報告書」は，労働契約法の適用対象を「労働基準法上の労働者」のみならず「労働基準法の労働者以外の者」へと拡大している。そうした者として，「報告書」は，「使用従属性まではなくとも，請負契約，委任契約等に基づき役務を提供してその対償として報酬を得ており，特定の発注者に対して個人として継続的に役務を提供し，経済的に従属している」者と定義している。

この提言は，使用従属性がない者であっても，相手方との間に情報の質および量の格差や交渉力の格差が存在することから一定の保護を図る必要性があることを認めた点，そして，これらの者を特定の者との「経済的従属性」によって特徴づけている点で，きわめて注目すべきものである。

しかし，こうした者を適用範囲に含めたことによって，指揮命令権または労務指揮権を本質的要素とする労働契約の伝統的な概念との整合性が問題になるように思われる。

「報告書」は，労働契約法の適用対象を定義するために，労基法と同様，「労働者」を用いている。しかし，労働契約法の適用範囲を考える場合には，法規の適用だけではなく，当事者が契約のいかなる特徴に着目して当該契約を選択したかという契約形式選択の視点も考慮にいれる必要がある。そう考えると，労働契約法の適用範囲を労働契約の概念をもって画定すべきだと思われる。

2　労働契約法の基本的性格

労務供給を目的とした契約には，雇用，請負，委任そして労働契約がある。雇用と労働契約との関係をめぐっては，民法と労働法（労基法）の法目的・理念の違いに着目して労働契約の独自性を主張する学説（いわゆる「峻別説」）と契約の類型的特質において同一であるとする学説（いわゆる「同一説」）が長く対立し，議論は今なお収束していない。そこで，労働契約法の雇用法に対する

同一性・相違点を明らかにする必要があろう。

　また、「報告書」は、「労使当事者の対等な立場での自主的な決定を促進する労働契約法制」と「労働条件の最低基準を定め罰則や監督指導によりその確保を図る労基法等の従来の労働関係法令」を区別し、労働契約法制を独自に立法化すべきだとしている。

　両者を区別することは支持できるが、労基法は労働契約法としての役割を果たしていたことを考えれば、両者の基本的性格の相違をどうとらえるか、そして、労基法の適用範囲と労働契約法のそれとがどう異なるか問題となろう。

Ⅲ　労働契約概念と労働契約法の適用範囲

1　現状認識

　請負契約または委任契約に基づいて自ら労務を提供する者（筆者は委託労働者と呼ぶ）が増加している[2]。具体的には、傭車運転手、NHK受信料集金等受託者、委託販売員、フリーのコンピュータ技術者、フリーランサー、在宅ワーカー等の人々がこれにあたる。

　委託労働者の労働者性を争う裁判において、当事者が裁判所の結論を予測することはしばしば困難である。委託労働者には、労働者性を示す要素と否定する要素が混在し、決め手に欠ける場合が多いからである[3]。横浜南労基署長（旭紙業）事件・最高裁判決（最一小判平成8・11・28労判714号14頁）などみると、裁判所は、正規労働者の就業実態と比較して委託労働者がこれに類似している場合に労働者性を認める傾向があるが、この傾向が支配的とまではいうことができない[4]。

---

[2]　委託労働者の規模および企業による活用状況は必ずしも明らかではないが、労働政策研究・研修機構『労働政策研究報告書 No. 12　就業形態の多様化と社会労働政策』（2004）65頁以下（佐藤博樹教授担当）では、2003年に日本労働研究機構が実施した「採用戦略調査」のデータを用いて、派遣労働者と比べ「就業機会として無視できない規模である」と述べている。

[3]　労働者性が争われた裁判例リストは、労働政策研究・研修機構・前掲注2）261頁以下参照。

[4]　新宿労基署長（映像技師）事件・東京高判平成17・7・11労判832号13頁。

2 委託労働者の保護と労働契約法の適用

筆者は委託労働者に対し法的保護が必要であると考えている。

保護・規制の必要性として，①委託労働者の契約内容の悪化，例えば，報酬単価の一方的引き下げ，②企業による労働法の適用回避（いわゆる偽装請負），③企業間の不公正競争があげられる。就業形態の多様化に対して，従来の労働法体系は適切に対応できていないのではないか。[5]

「報告書」が委託労働者の保護の必要性を指摘したことは評価できる。

これに対して，こうした状況にある者を保護する法律を作ることは賛成だが，「報告書」に定める保護・ルールでは支持できないという意見や，一方，偽装請負で働く者と本来のインデペンデント・コントラクターは契約形態が似ていても全く別であるので，一緒にする議論は避けてほしいという意見もある。

問題は，いかなる範囲の者にどの程度の保護を付与するかである。

委託労働者に対して労働法の適用範囲を拡大する方法として二つ考えられる。一つは，①法律の適用される本来の人的対象（労働者）にそれ以外の者を加え，これにより適用範囲を拡大する方式である。これは，統一的・客観的概念である「労働者」概念を維持したまま，使用従属性のない労働者類似の者に対して，例えば「契約労働者」または「労働者類似の者」といった第三のカテゴリ（中間的な概念）を創設し，労働法規の一部を準用するという方式である。

他方で，②労働契約を新たに定義し，労基法上の労働者以外の者に対し労働契約法を適用する方式がある。これは，労働契約法の適用範囲を労基法上の労働者に限定しないという意味では，適用範囲を拡大する機能を果たす。

これは労働契約概念の再構成，すなわち，これまでの指揮命令を中心としたものから，就業形態の多様化に適合した労働契約概念への転換を意図するものであり，その影響は労働契約法全体に及ぶ。

上記①方式は，「労働者」の統一的概念を維持したまま，その一部について法規の適用を政策的に拡大することであり，労基法，労災保険法，最低賃金法等の統一的適用が求められる法律について無理がない方式といえる。また，

---

[5] 鎌田耕一「契約労働の概念」学会誌102号（2003）132頁以下。

「労働者」性は当事者意思の如何にかかわらず客観的に決定されるところから，刑罰法規ないし行政取締法規に適した方式である。

これに対して，上記②方式は，当事者の合意に基づく「リスク配分」（リスク配分の意味について後述）に即して，争われている個々の私法的紛争に限って解決を与えるので，契約法の一般ルールと整合的であり当事者が納得しやすい方式といえる。

上記①②の方式は各々異なった機能を果たすので，両立しうる方式である。

3　労働契約の伝統的概念

(1)　労働契約の伝統的概念

一般に契約の性質決定は，①契約類型の決定（当事者がある目的のために特定の契約類型を選択し，その法規範の適用下に合意を組み入れること）の機能（契約類型決定機能）と，②労基法などの法規の適用対象の画定の機能（適用範囲画定機能）の二つをもっている。[6]

労働契約概念は，戦前から労働法の基礎概念として，また配転，労働条件の不利益変更などの個別領域における解釈技術としていくたびも議論されてきた。ここではその詳細に立ち入らないが，労働契約は，伝統的に，「労働者が使用者の労務指揮下で従属労働を提供する契約」[7]などと定義されてきた。[8]

この伝統的な概念は，契約類型としては，当事者の一方（労働者）が相手方（使用者）の指揮監督に服して労務を提供することに類型的特質を見いだし，他方で，指揮監督に服していること（学説はこれを「人的従属性」という）をもって労基法の適用対象を画定する基準としている。すなわち，労働契約の伝統的概念の特徴は，指揮監督下の労働という契約類型としての要素（essentialia nego-

---

[6]　鎌田「契約の性質決定と法形式強制（一）」『流通経済大学法学部開校記念論文集』（2002）70頁以下。

[7]　労働契約論の学説史としては，石田眞「労働契約論」籾井常喜編『戦後労働法学説史』（1996）615頁以下参照。労働契約論に関する文献は枚挙にいとまがないが，近年の労作として，和田肇『労働契約の法理』（1990），萬井隆令『労働契約締結の法理』（1997），土田道夫『労務指揮権の現代的展開』（1999）がある。

[8]　土田・前掲注[7]271頁，中窪裕也「労働契約の意義と構造」『講座　21世紀の労働法　労働契約』（2002）7頁。

tii)が，同時に，労基法などの労働法規の適用範囲を画定する法技術であるという点にある。

　労基法の適用対象を画定する概念は「労働者」であることから，労働契約を，労基法上の「労働者」を一方当事者とする労務供給契約であると定義することもできる[9]。

　しかし，現代では，当事者は必ずしも使用者の指揮監督に服して労働することを意図してこの法形式を選択するわけではない[10]。そうした意味では，労働契約は，法規範の適用範囲を客観的に画定する概念としてとらえる場合と，当事者が自己の目的を達成するために選択する法形式としてとらえる場合で区別しなければならない。

(2) 労働契約の伝統的概念に対する疑問

　労働契約の伝統的概念が広く受け入れられてきた理由は，①労働契約の目的は長期間にわたり不特定の労働を給付することであり，労働義務の履行には使用者の指揮命令権（あるいは労務指揮権）[11]が不可欠であるとされ，その条文上の根拠として旧民法623条「労務に服する」が援用されたこと[12]，②ドイツ労働法学の影響の下に，労働法が適用されるべき理由は指揮命令から生ずる人（格）的従属性にあるとされたこと[13]，③民法は独立的労務の提供に対して有償委任という契約類型を用意していることにあったと思われる[14]。

　とくに上記①に関して，学説は，労務指揮権が労働契約の不可欠の要素であることの理由として，第一に，労働契約の抽象的・継続的性格をあげ，労働契

---

9) 菅野和夫『労働法　第7版』(2005) 63頁。
10) 指揮命令関係を示す要素としては，労働時間の被拘束性，作業内容・方法に対する指示の服従，仕事依頼に対する諾否の有無などがあげられるが，そうした要素自体を当事者が契約選択の決め手とすることは少ない。例えば，裁量労働制においては労働時間の被拘束性は希薄であり，派遣労働契約ではそもそも，雇用主の指揮命令服従性は労働契約の目的にならない。
11) 使用者の指揮命令権，指揮監督権または労務指揮権の意味は論者により多少異なる。中窪・前掲注8) 参照。
12) 我妻栄『民法講義V　債権各論中巻二』(1962) 532頁。
13) 片岡曻『団結と労働契約の研究』(1962) 224頁は，経済的従属性もまた人的従属関係から生ずる従属性だとしている。
14) 『新版注釈民法 (16) 債権 (7)』(1989) 14頁（幾代通）。

約においては労働義務の内容を特定しておくことは不可能であるために労働義務の具体化には労務指揮権が不可欠であること，第二に，労働契約は労働それ自体が目的となるのに，請負においては仕事完成が，委任においては一定の事務を処理するための統一的な労務が目的となることから，労働契約においては労働者の労働を適宜利用・配置する権限を使用者は取得する必要があること，第三に，労働契約の組織的・集団的性格をあげ，使用者が個々の労務給付を組織づける裁量権限を保有することが不可欠であることをあげる[15]。

確かに，通常，労働契約において労働義務の内容は特定されていない。しかしながら，それは，労働義務にとどまらず「なす債務」においてはしばしば指摘されることであり，労働契約だけに限られない[16]。業務委託契約等の労務サービスを目的とした契約においては，役務内容の特定はしばしば発注者の指図により行われる[17]。

請負，委任と雇用とを分かつ要素は，民法起草時では，労働に対する報酬支払リスク（危険）を当事者のいずれが負担するかという点にあった[18]。これに対し，履行の態様，換言すれば，指揮命令の存在は，雇用と請負・委任を分かつ決定的な要素とはされていなかった[19]。

確かに，多数の就業者を一定の目的に向けて組織的に協働させるためには，それらを統合する権限が必要である。しかし，企業がその中核的業務すらも外部に切り出しかつ，請負会社を自己の経営目的のもとに統合している現状において，各種の業務を組織的に統合する権限が労務指揮権である必要は必ずしもない[20]。

---

15) 土田・前掲注7）271頁以下参照。
16) 潮見佳男「『なす債務』の不履行と契約責任の体系」『契約責任の現代的諸相（上巻）』（1996）108頁。
17) 鎌田耕一・向田正巳『労務サービス契約の研究（平成14～17年度科学研究費研究成果報告書）』（2005）（未公刊）75頁。
18) 民法の雇用規定の起草者である穂積陳重があげている視点は報酬リスクの所在であった。すなわち，労働が債務の目的となっているという点では，請負，委任，雇用で違いはない。
19) 鎌田耕一「雇傭，請負，委任と労働契約」『市民社会の変容と労働法』（2005）196頁以下。
20) 例えば，映画製作において，俳優，美術監督，カメラマンその他様々な職能の労働が，監督によって統合されているとしても，そのことから直ちに，監督が指揮監督権を有しているとはいえない。組織を統合する権限は法的には映画製作契約によって基礎づけられる。

シンポジウム（報告②）

上記②の保護必要性に関していえば，通説は，早くから人的従属性のみならず経済的従属性（特定ユーザーへの専属性，報酬額の多寡，非事業者性）をあげ，保護が必要な者としての「労働者」の従属性を，使用従属性と経済的従属性の複合としてとらえていた。

上記③の論点は，委託労働者の法的保護の問題と連動している。通説は，労働契約の本質的要素として労務指揮権をあげることにより，指揮命令関係の希薄な就労形態を有償委任の下に組み入れた。しかし，判例・学説は，委託労働者の契約に対する委任規定（例えば，民法651条）の適用を回避してきた。このことは，契約の性質決定と当該契約に固有の規範の適用とが相互に区別されるべきことを意味している[21]。

要するに，企業や就業形態が変化している現代において，労務提供において労務指揮権の意義は減少しており，また，労働法の適用範囲を画定する手段としての役割も後退しているように思われる。

4 労働契約概念の再検討

(1) 労働契約の新たな概念

現代において，自ら労務を提供する者は，あるときは労働者，あるときは個人事業主という法的地位に置かれる場合がある。ここで，当事者が労働契約という契約類型を選択する理由は，どこにあるのだろうか。

筆者は，労働契約の目的は履行（労務提供）の態様ではなく，事業経営上のリスクやコストの配分と密接に関連していると考えている。すなわち，当事者が労働契約を結ぶのは経営上のリスクや労働法などが課すコストを使用者が負担する場合だと考えている[22]。

こう考えると，労働契約の本質的要素は，指揮命令に服して労務を提供することではなく，使用者のリスク負担と計算の下に（以下では「使用者のために」

---

21) 鎌田・前掲注19) 167頁以下。
22) あるコンピュータの技術者は，フリーか労働者かをいずれの地位を選択するかと質問した際，社会保険に加入するかどうか（すなわち，社会保険料を賃金から控除されるか否か）にあるという。法定福利費の支払回避は，経営者が個人請負を利用する場合の主たる動機でもある。

という）自ら労務を提供することにある。

　一般に，契約の本質をいかに理解するかについて，給付約束の実現を重視する見解と，契約違反におけるリスク配分に重点を置く見解がある。民法学説は，ドイツ民法学説の影響の下に給付約束の実現保障形式に則して契約を理解してきた。しかし，近年の比較法研究により，日本民法415条，416条は，契約を損害リスクの引受ととらえるイギリス法を母法としていることが明らかにされている。[23]

　契約のこうした理解を踏まえると，労働契約も，労働約束の実現保障ではなく，労働に伴うリスクの配分に着目して理解されるべきであろう。すなわち，ある者が労務を提供する場合，労働が経営目的に適した成果に結実するか否かのリスクおよび労働法・社会法により課せられた使用者義務を負担するか否かのリスク（これらを本稿では「事業者リスク」と呼ぶ）を，労務の提供を受ける者（使用者）が負担することが労働契約の本質的要素となる。

　そこで，本稿では，「労働契約」とは，契約の一方当事者（労働者）が，相手方（使用者）のために，自ら労務を提供し，これに対し相手方が報酬を支払うことを約する契約ととらえる。

　長く労務指揮権は労働契約の本質的要素とされてきたが，最近，労働契約につき新たな定義がなされている。

　連合総研・労働契約法制研究委員会（主査毛塚勝利教授）の「労働契約法試案」（2005年）は，労働契約を「その名称の如何を問わず，一方の当事者が相手方に対して労務を提供することを約し，相手方がこれに対して報酬を与えるこ

---

[23]　川村泰啓『個人史としての民法学』（1995）403頁以下は，各国の契約保障形式の特質をはかる索出概念として「給付保障原則」と「金銭補償原則」を析出している。給付保障原則とは，約束内容のそのままの実現の強制を原則とする法政策であり，金銭補償主義というのは，金銭補償形式を原則的な約束保障形式とする法政策である。「給付保障原則」に立つ法制（ドイツ）では，当事者による当初の履行約束をそのまま法的に承認し，この給付が不能となった場合に，債務者の帰責事由と相まって，不能となった債務の消滅とその損害賠償義務への転換（「債務転形」）を基礎づけることになる。これに対して，「金銭補償原則」に立つ法制（イギリス）は，当初の履行約束ではなく，約束違反があった場合の損害リスクの引受約束から出発し，当初の履行約束の帰趨とは別に，約束違反の事態において主として金銭補償による救済をもたらす。

とを約する契約」としたうえで,「労務を提供する」とは,「他人の指揮命令のもとで,又は実質的にこれを同視しうる条件のもとで,労務を提供することをいう。」と定義し,従来の労働契約概念よりもやや広い定義をしている。[24]

さらに,日本労働弁護団・労働契約法制委員会の「労働契約法立法提言」(2005年5月) は,「『労働契約』とは,契約の名称の如何にかかわらず,労働者が使用者に対して労務を提供することを約し,使用者が提供された労務又はその結果に対して賃金,報酬,その他の対価を支払う契約をいう。」と定義し,「指揮監督」「指揮命令」等の要件を除いている。[25]

(2) 労働契約性の判断基準と経済的従属性

さて,労働契約の本質的要素の第一は,労働者が「自ら」労務を提供することであり,その結果,労働者は原則として第三者を用いないで労務を提供する。

第二の本質的要素は,就業者が「他人のリスク負担と計算の下に(使用者による事業者リスクの引受)」労務を提供することである。

しかし,当事者間に情報の質・量および交渉力の格差があるとき,実質的には労働契約でありながら形式上労働者が事業者リスクを引き受ける契約(請負契約など)を締結することも考えられる。そこで,判断にあたっては,当事者が選択した契約形式にかかわらず,就業者が事業者リスクを実質的に引き受けているかどうかを考慮して決定すべきだと思われる。

事業者リスクを実質的に引き受けているか否かの判断にあたって,当該就業者がユーザーに経済的に従属しているかどうかが基準となると思われる。なぜなら,就業者が特定ユーザーに経済的に従属していることは,就業者が労働に伴うリスクを実質的に引き受けることを困難にするからである。

---

24) この部分を担当した中窪裕也教授は,「この規定によって,典型的な指揮命令下の労働よりも広い範囲の労働への適用を想定している」としている。
25) この部分を担当した古川景一弁護士は,その理由として,「そもそも,使用者が如何なる指揮監督をなし得るかについては,本来,労使対等原則に照らしても,当事者の合意により決定されるべき性質のものである。そして,労働者の同意を媒介しない『指揮監督』を強調することは,当事者の合意とは無関係に,アプリオリに使用者が労務に関する指揮命令や指揮監督をなす権限を有するとの解釈を招きやすく,契約法制の本来の在り方と相容れない。また,『指揮監督』の強調は,請負的就労形態の就労者を保護対象から排除する効果をもたらす。」と述べている。

近年では，労働契約または労働関係の実質的要件として，労務指揮権または使用従属性ではなく，経済的従属性または非事業者性を重視する考え方が広がっている。

　例えば，ILO では，1997・98年に契約労働条約案が提案されたが，契約労働の概念は経済的依存性を重視したものであった[26]。この提案は成功しなかったが，その後も議論が重ねられ，今年（2006年）の第95回総会（2006年）第5議題「雇用関係」において，雇用関係の再定義がなされる見通しである[27]。

　日本においても，労基法の労働者ではない者も「その相手方との間に経済的従属性が認められる限り，少なくとも解雇制限については『労働者』と同様に取り扱われるべき」だとする学説[28]，「契約労働者」という第三のカテゴリを導入して経済的従属関係にある就業者を保護すべきだとする説[29]，また，労働契約の規制を目的とするルールは経済的従属性がある場合広く及ぼしていくのが適切だとする説[30]，さらに，「経済的依存」性のみを「労働者」性の判断基準とする説[31]が提唱されている。

　これら学説は提唱された文脈が異なっているので一括りにできないが，使用従属性または人的従属性が存在しない場合であっても一定の労働者には保護が必要であること，そして，保護必要性の根拠として経済的従属関係が重視されている（個々の学説の意義については別に論じたいが，これらの学説の一部が，労基法と労働契約法の適用範囲の画定，雇用と自営の中間に位置する就業者の保護という問題レベルの違いを意識していないことには疑問がある）。

(3) 推定規定

　筆者は，当事者が労働契約以外の契約形式を選択したことにつき，労働法の

---

26) 鎌田耕一「契約労働の法的問題」鎌田編著『契約労働の研究』(2001) 38頁。
27) 2003年の ILO 総会「雇用関係の範囲」委員会結論については，「大原社会問題研究所雑誌」545号 (2004) に掲載された「国際労働問題シンポジウム」での報告を参照。
28) 西谷敏「労基法上の労働者と使用者」『シンポジューム 労働者保護法』(1984) 8頁。
29) 鎌田・前掲注5) 138頁。
30) 大内伸哉「従属労働者と自営労働者の均衡を求めて」『労働関係法の現代的展開』(2004) 60頁，島田陽一「雇用類似の労務供給契約と労働法に関する覚書」『新時代の労働契約法理論』(2003) 27頁以下。
31) 労働政策研究・研修機構・前掲注2) 232頁（池添弘邦氏担当）参照。

趣旨・目的に照らして合理性が存在しない場合，当該契約を労働契約として推定すべきだと考えている。なぜなら，ユーザーが情報の質・量および交渉上の優位性をもつところでは，就業者が労働契約以外の労務供給契約を選択したことを額面通り評価できないからである。事業者リスクを引き受けることに合理性が認められない場合に，それは労働契約を回避するために，労働契約以外の契約形式を選択したとみられる[32]。

労働契約性の判断を容易にするために，労働契約が存在するという「推定規定」を設けてはどうか。その際，経済的従属性を示す複数の指標のうちいくつかが存在すれば，労働契約が推定されるとすべきであろう。経済的従属性を示す指標として何をあげるかは難しいが，例えば，以下の8つの要素のうち4つが存在する場合，労働契約の存在が推定されるとしてはどうか。

① 業務遂行の内容・方法が，相手方（使用者）により管理または指示されていること。
② 就業時間が相手方（使用者）により管理または指示されていること。
③ 相手方（使用者）の就業規則の適用があること。
④ 受持地域や顧客等就業する場所を相手方（使用者）が決定していること。
⑤ 特定の相手方（使用者）からの報酬が主たる収入をなしていること。
⑥ 収入が一定額以下であること（例えば，1日5万円未満）。
⑦ 主として相手方（使用者）が提供する機械器具等の提供を受けまたは費用支弁を受けて業務に従事していること。
⑧ 一定期間，主として特定の相手方（使用者）のために労務を提供していること。

上記①～④は，「使用従属性」の指標としても用いられているものであるが，例えば，就業時間が使用者に管理されていることは，事業者たる就業者が自己の利潤獲得のため時間を用いることを許さないことになり，その意味で経済的従属性の指標である。

「報告書」は，労働契約法の適用を受ける「労基法の労働者以外の者」を定

---

[32] 鎌田・前掲注5）136頁。

義するにあたって5つの要件をあげ，とくに，「収入の大部分を特定の者との継続的な契約から得，それにより生活する者であること」という要件をあげている。この定義に従えば，例えば，かなり高額の収入がある者も適用範囲に含まれることになろう。

筆者は，労災保険法や労働安全衛生法などの一部の保護領域について，高額の収入を得ている就業者も「契約労働者」として保護すべきだと考えるが，労働契約法の適用範囲にこうした者を含めるのは，経済的従属性の観点から疑問である。

Ⅳ 労働契約法の基本的性格

1 雇用法との相違
(1) 雇用と労働契約の相違

本稿における労働契約の定義に従えば，労働契約は雇用と区別される。

労働契約は，すでに述べたように，使用者による事業者リスクの引受下で労働者が自ら労務を提供することである。事業者リスクには，労働法が課す使用者義務の負担リスクも含まれるので，労働契約概念は，労働法上の使用者義務や判例によって形成されてきた準則を前提とする。[33]

これに対して，雇用とは「当事者の一方が相手方に対して労働に従事することを約し，相手方がこれに対してその報酬を与えることを約する」（民法623条）契約であり，労働従事と報酬の交換を目的とした契約である。指揮命令に服して労務を提供すべきか否かは，当該契約の趣旨・目的により決定される。

雇用は使用者の指揮命令権を本質的要素としないだけではなく，労働者の従

---

33) 中窪・前掲注8) 8頁は，労働契約が，労働法システムの発展によって，実定法に定める権利義務を私人間関係に定着させる「受け皿」としての役割を果たすと述べ，労基法13条，93条によって「わが国の実定法が，労働契約における権利義務の受け皿としての機能を承認し，それを明文化したものと考えることができるとしている。」としている。
34) 民法の通説は，就業者の独立性の有無を標準として雇用と委任を区別する。しかし，こうした区分は，我妻学説により形成されたもので，民法起草者（富井政章）とも戦前の主要な学説とも異なる。鎌田・前掲注19) 159頁以下参照。

属性をも要素としない。雇用，請負の区分にとって従属性は本質的要素ではないからである。[34] したがって，当事者間に経済的従属性がない場合であっても，雇用契約性が認められる場合がある。こう考えた場合，委託労働者には，労基法，労働契約法，雇用法の三つのレベルで法が適用される可能性がある。

(2) 雇用法と労働契約法の相違

さて，民法の雇用には628条のような強行規定もあるが，基本的に任意規定から成り立っている。これに対して，「報告書」が提案する「労働契約法」には任意規定もあるが，その多くは強行規定[35]，要式行為[36]，手続規定[37]で占められ，その結果，労働契約の成立，展開，終了のプロセスが画一的に規定され，当事者による自己決定の余地は狭められている。

しかし，規定のこうした性格だけでは雇用法と労働契約法の違いは明確ではない。規範内容の違いに着目する必要がある。

民法の雇用は，権利義務の一身専属性，解約自由，期間の定めのある契約における中途解約のルール，期間満了と黙示の更新などを規定している。

しかし，債権総論や契約総則レベルをも視野に入れると，雇用法は，基本的には，労働従事と報酬支払の債権債務の発生・消滅をめぐるルールをいう。

それは，具体的には，労働従事義務の内容の特定，労働従事義務の消滅（履行不能），債務の本旨に従った履行の提供，瑕疵ある履行における労働者の損害賠償責任[39]，報酬支払債務の発生，履行不能の場合の報酬支払請求権の存続（危険負担）などである。

「報告書」が，民法の雇用との関連をどうとらえているか明らかではないが，労働者の損害賠償責任の軽減，解約（解雇）および中途解約を定めた規定を除けば，労働従事と報酬の双務関係にかかわるルールはほとんど存在しない。そ

---

35) 出向期間中の賃金は，出向を命じる直前の賃金水準をもって，出向元および出向先が連帯して出向労働契約に支払う義務を負う旨の規定。
36) 「兼業」を禁止したり許可制とする就業規則の規定や合意は，やむを得ない事由がある場合を除き無効とする規定や，使用者が契約期間を書面で明示しなかったとき，これを期間の定めのない契約とみなす規定があげられる。
37) 有期労働契約における期間の定めの書面化を定める規定。
38) 就業規則による労働条件の不利益変更の効力と労使委員会の決議による合理性の推定。
39) 片山組事件・最一小判平成10・4・9労判736号15頁。

の意味では,「報告書」が提案する労働契約法は,雇用法とその役割を異にすることになろう。[40]

2 労基法との相違

(1) 基本的相違

労働契約法の目的は,基本的に当事者の合意を尊重しつつ,当事者間の交渉力等の格差から生ずる事業者リスクの不公正な配分を補正するものである。

これに対して,労基法は,その実効性の確保に一定の私法的手段を用いているが,基本的に,「公法的取締法」としての性格を有している。すなわち,労基法は,労働条件の最低基準を定め,これに違反した使用者に対し刑事制裁を科すことによってその実効性を確保している。違反した契約部分を無効として最低基準を当事者に強制するという法的手段も,その公法的目的の実現に寄与するものである。

ある就業者が労基法上の「労働者」と認められると,その者には,労基法にとどまらず,労働安全衛生法,最低賃金法,労災保険法などその他の法律も,当事者意思の如何にかかわらず,一律に適用される。[41]その結果,例えば,労災保険給付を争う事件において,ある就業者が労働者だと認められれば,その者に労災保険法が適用されるにとどまらず,その報酬は最低賃金法に定める最低賃金まで引き上げられることになる。

これに対して,労働契約法の下では,ある合意が労働契約とされた場合労働契約法が適用されるにとどまり,労基法その他の法律が当然に適用されることはない。

のみならず,労働契約法の特定の規定が強行的に適用されるかどうかは,当該規定の性質(任意規定か強行規定か)およびその趣旨・目的を考慮して決定されることになる。

---

40) ただし,雇用との違いをふまえたうえで,筆者は,労働契約法には労務提供と報酬との双務関係について,例えば「ノーワークノーペイの原則」を定める規定を設けるべきだと考える。
41) 筆者は,ある法律の適用が他の法律の適用を必然的にもたらすことを「法形式強制」の特徴の一つと捉えている(鎌田・前掲注6)75頁以下)。

適用されるべき規定が強行規定である場合，これに反する限度で契約条項は無効となり，強行法規の定めるところによると解される（最高裁平成11年2月23日民集53巻2号193頁）。例えば，労基法18条の2は，罰則を伴わず公法的取締の性格を有さないこと，現行の労基法の上で「労働契約法の強行規定」としての役割を担っている規定であることを考えると，中途解約について事前通告をすればいつでも解約できる旨定める条項があっても，労基法18条の2の規定に基づき，解約が客観的に合理的な理由を欠き，社会的通念上相当であると認められない場合は，当該契約条項は無効となると考えられる。

任意規定の場合，その規定の適用に当たっては，まず，①当事者の合意が労働契約に当たるか否かが判断され（契約の性質決定），そのうえで，②労働契約法の規定の定めるところによるかどうかが，当該契約の定めの趣旨・目的を考慮して決定されることになる。

そして，就業規則の適用を排除する当事者の事前の合意も，それが労働契約法の適用の回避を目的とする場合を除いて有効と考えてはどうか。

(2) 労基法と労働契約法の適用対象

「報告書」は労基法上の労働者は当然に労働契約法の適用対象となるとしている。しかし，筆者はすでに述べたように，労基法と労働契約法では基本的に性格を異にしているので，その適用対象も異なると考える。

両者の相違点は，第一に，その適用範囲を画定する概念として，労基法は「労働者」概念を用いるのに対して，労働契約法では「労働契約」概念を用いていることにある。労基法の適用範囲の画定に当たっては，当事者意思は原則として顧慮されない。

第二に，労基法上の労働者は，使用従属性（指揮監督関係）を中心として定義されるのに対し，労働契約法の適用対象たる労働者は経済的従属性を中心に判断される。指揮監督関係は，労基法上の労働時間規制や安衛法上の義務負担

---

42) 労基法上の労働者概念について学説上争いがあり，詳細は鎌田「労基法上の労働者概念について」法学新報111巻7・8号（2005）12頁以下参照。
43) 例えば，労働時間は「労働者が使用者の指揮命令下に置かれている時間」と定義される（三菱重工業長崎造船所事件・最一小判平成12・3・9民集54巻3号801頁）。

の前提となっていると思われる。[43]

　労基法と労働契約法の適用範囲が異なることから，①労基法，労働契約法が共に適用される場合（通常はこの場合に当たると思われる），②労基法は適用されないが労働契約法が適用される場合（車持ち込み運転手，NHK受信料集金等受託者等），また，③労基法の適用はあるが労働契約法の適用がない場合（こうしたケースはあまりないと思われるが，例えば，高収入を得ているインデペンデント・コントラクター），④両者が共に適用されない場合（個人事業主の事例）がありうる。

V　むすびにかえて

　筆者の担当部分について，シンポジウム以後再考した結果は以上の通りである。筆者の報告に対し，シンポジウムおよびその後に多くの方からご意見・ご批判を受けたことに感謝したい。筆者の能力不足のために，ご発言の趣旨を誤解し，またはご質問に十分に（または全く）回答できていない部分があることをお許しいただきたい。

(かまた　こういち)

〔追記〕　本稿の脱稿後，島田陽一教授「労働契約法制の適用対象者の範囲と労働者概念」労働法律旬報1615・16合併号（2006）28頁以下および和田肇教授「労働契約法の適用対象の範囲」季刊労働法212号（2006）28頁以下に接した。両論文から多くの示唆を得たが，残念ながら本稿では反映していない。

企業の社会的権力コントロールと労働契約法

三 井 正 信
(広島大学)

I 問題の所在

　労働契約の成立・展開・終了をめぐる私法的ルール（広義の労働契約法（Arbeitsvertragsrecht）：以下，本稿で問題とするのも主としてこの意味における労働契約法であり，特に「　」をつけて区別する場合などを除き，労働契約法という言葉はかかる広義の意味で用いる[1]）は，その重要性にもかかわらず，従来，労働基準法をはじめとする制定法に主要問題に関する規定がほとんど存せず，判例がその隙間を埋め労働契約法理と呼ばれる一連の法理を形成してきた[2]。しかし，判例法理では明確性・予測可能性に欠けるとともに，社会経済の大きな変化にともない生じてきた雇用形態や労働条件の多様化・複雑化，労働力の流動化，労働条件の個別化など労働者のワーキングライフをめぐる現代的諸問題に必ずしも有効に対処することができなくなってきている。そこで，現在，労働契約をめぐるルールを立法化すべきとの議論が広く巻き起こる[3]とともに，厚生労働省に設置された「今後の労働契約法制の在り方に関する研究会」が2005年9月に「労働契約法」（狭義の労働契約法＝「労働契約法」という名称の制定法ないし法典）の制定へ向け詳細な報告書（以下，単に「報告書」と略す）[4]を公表し，これを受

---

1) 労働契約のルールをめぐる全般的状況については，本多淳亮先生還暦記念『労働契約の研究』（法律文化社，1986年），日本労働法学会（編）『講座21世紀の労働法　第4巻　労働契約』（有斐閣，2000年）。
2) 労働契約法理をめぐる全般的状況については，三井正信「現代雇用関係法改革」高橋弘＝後藤紀一＝辻秀典＝紺谷浩司（編）『現代民事法改革の動向』（成文堂，2001年）206頁以下。
3) 例えば，三井・前掲注2）論文228―230頁。
4) 報告書は，http://www.mhlw.go.jp/shingi/2005/09/s0915-4d.pdf に掲載されている。

けて2007年法案国会提出を目指して厚労省の労働政策審議会労働条件分科会で検討が進められている。

けれども，このような立法をめぐる議論・動きの活発化や立法の必要性の認識の一般化にもかかわらず，労働契約法の基本原理・コンセプトはいかなるものか，そもそも何故労働契約法を制定すべきなのかなど根本的・原理的な問題に対する検討や議論はそれほど本格化しているようには思われない。判例の労働契約法理についても，その基本理念・原理が何かは必ずしも明確ではない。

特に，労働契約法理や立法論を含む労働契約法が議論される場合，従来から，何故か憲法との関係にほとんど言及されていないが，これは，労働基準法等の労働者保護法（雇用関係法）が憲法27条2項と，労働組合法等の労働団体法が憲法28条と，そして雇用保障や労働市場の整備をはかる労働市場法が憲法27条1項と密接な関係を有することを前提に議論されてきたことに比べるとあまりにも奇妙であり，大きな問題であるといえよう。

そこで，本稿は，労働契約法をめぐる基本問題の解決を試みるべく，労働契約法と憲法規定の関係，および労働契約法の基本理念・原理を明らかにして，解釈論的および立法論的に労働契約法のあるべき基本構造を追求・構築するものである。そして，以上の基礎理論を更に展開し具体化する意味で，併せて若干の各論的問題（労働者の人権・人事・解雇）についても考察を試みることとする。

II 労働契約法についての基本的考え方

1 概　説
(1)　憲法27条2項と個別的労働関係法の基本法としての労働基準法

個別的労働関係法の基本法である労働基準法は労働条件の最低基準を定めそれを刑罰と行政監督によって使用者に強制する労働保護法（Arbeitsshuzrecht）[5]としての側面が強いとはいえ，必ずしもそれには収まりきらない性格を有しており，例えば，3条から7条，14条から18条は労働者人権保護法，2条は労働契約法，過半数代表制に関する規定は従業員代表法と位置づけることができよ

シンポジウム（報告③）

う。しかも，近年，解雇権濫用法理を定める18条の2のような労働契約法，過半数代表制や労使委員会に関連する従業員代表法など，労働保護法以外の部分の重要性が増大してきているように思われる。

とすれば，労働基準法を専ら労働保護法的見地から性格把握する従来の通説的考えや傾向から脱却し，総合的に労働契約法や従業員代表法などを含めて労働基準法とは一体いかなる法律であり，労基法がその制定根拠であり労働条件法定の原則を定める憲法27条2項とどのような関係に立つかが新たに問い直されなければならないであろう[6]。そこで，労働保護法，労働者人権保護法，労働契約法，従業員代表法等に共通の趣旨・コンセプトは何かが問題となるが，突き詰めれば，従来の通説がいうような労働者の地位に着目した生存権擁護というよりも，むしろ労働者に相対する使用者の地位・属性に注目しての，個別的労働関係における企業の社会的権力の制限・コントロールに帰着するのではないか。通常，使用者は経済力を有し人的・物的資源を結合して企業経営をなし，かかる企業は単に交渉力や情報の格差には還元できない組織的な力なども含めた一種の社会的権力（私的権力（pouvoir privé））として労働者に継続的に絶大な影響を及ぼして従属性のもとに置き，ひいては過酷な労働条件をもたらし労働者の生存を危うくするのみならず，自己決定・自立・自律・人格・人権・自由等（即ち，労働者の個人の尊厳・自由）を侵害するおそれや危険性を生じさせる（単なる「契約当事者の対等性の欠如」を超えた「権力対個人」の構図の存在とそれにともなう権力による個人の呑込みないし個人の抑圧の危険性）[7]。そこで，かかる企業の社会的権力がもたらす重大かつ深刻な弊害・悪弊を除去・軽減・緩和し，事実としての社会的権力を法的観点からコントロールしその行使を適正な契約関係の範囲内に整序するための装置が必要となるが，その基本法が各種の法規

---

5) 労働保護法と労働契約法の特徴・区別・差違などについては，さしあたり，西谷敏「労働保護法における自己決定とその限界」松本博之＝西谷敏（編）『現代社会と自己決定』（信山社，1997年）227頁以下，土田道夫「労働保護法と自己決定」法律時報66巻9号（1994年）58頁を参照。

6) 憲法27条2項と個別的労働関係（雇用関係法）の関係につき広く柔軟な見方を提示するものとして，小西國友＝渡辺章＝中嶋士元也『労働関係法〔第4版〕』（有斐閣，2004年）87頁以下〔渡辺〕。

定を備えた労働基準法であり，従ってその制定根拠である憲法27条 2 項もかかる趣旨を含意しつつ労働条件法定の原則を提示していると解される。[8]

(2) 労働契約法の憲法的根拠としての憲法27条 2 項

個別的労働関係は換言すれば労働契約関係であり，従って個別的労働関係法は労働契約関係を規制対象とするルールということになる。とすると，個別的労働関係法の基本法たる労働基準法の制定根拠である憲法27条 2 項は，労働契約関係を規制するルールを法定すべき旨を述べており，それ故，この27条 2 項の規定は労働保護法のみならず個別的労働関係法の一部をなす労働契約法の憲法的根拠でもあると考えることが可能ではないか。つまり，法定が示唆される「勤労条件に関する基準」とは，具体的な労働条件基準のみならず，労働条件決定のための「基準＝ルール」，即ち労働条件を決定するところの労働契約をめぐるルールのことであると広く理解すべきではないかと考えられるのである。

従って，「法定」の原則の，このように解された本来の趣旨からすれば，総合的・体系的に労働契約を規整する制定法上の規定が必要となるが，労働契約の成立・展開・終了に関しては，その重要性にもかかわらず，労基法等の実定労働法にわずかしかあるいはほとんど規定が存しない。このことは労働契約の成立・展開・終了については事実としての企業の社会的権力およびその行使をそのまま法的にも承認し放置（放任）してしまう危険性が存することを意味しよう。

そこで，憲法27条 2 項の趣旨と制定法としての労働契約法の欠如との乖離・ギャップが問題となる。かかる乖離・ギャップはできる限り埋められるべきで

---

7) 現代社会においては企業を社会的権力と捉え，これから個人やその自由を擁護すべきことについては，その意義と必要性も含めて，さしあたりは，樋口陽一『憲法 改訂版』（創文社，1998年）152頁以下，176頁以下，186頁以下，257頁，同『三訂 憲法入門 補訂版』（勁草書房，2005年）55頁以下，67頁以下，101頁，112―113頁，同『国法学』（有斐閣，2004年）17頁以下，115頁以下などを参照。本稿が「企業の社会的権力」という言葉を用いるのは，樋口教授に代表されるかかる憲法学の問題意識を受けてのことである。ちなみに，同様の問題意識から筆者が憲法28条論と集団的労働関係法理論の再構築を試みたものとして，三井正信「労働組合と労働者の自己決定」法律時報66巻 9 号（1994年）66頁以下があるが，本稿はいわばこの論文の続編の個別的労働関係法版と位置づけることができよう。

8) 三井正信「労働契約法としての労働基準法（1）」広島法学28巻 2 号（2004年）118頁以下。

あり,そのためにはまずは個別的労働関係法の基本法である労働基準法を労働契約法として活用する可能性が探られるべきではないかと考えられる。しかし,既に述べたように,労働基準法は多様な法的性格の規定を含むものの,基本的には労働保護法としての性格が強いため,その労働契約法的活用にも限界があろう。そこで,労基法の労働契約法としての活用という方向性・問題意識に即し,一方ではできる限りかかる方向を直接に追求しつつ,他方で労基法の理念に照らして労働契約関係に適合する形で一般契約法たる民法の規定を整序して労働契約法として再構成し活用するという方策が考えられよう(これも間接的とはいえ労基法の労働契約法的活用の一形態をなすといえよう)。ちなみに,消費者契約法12条は,既に労働法が存することを理由に,消費者契約法が労働契約には適用されない旨を述べているが,これは交渉力と情報の格差が消費者契約以上に問題となる(そして,それにはとどまらず,また消費者契約では通常問題とはならない企業権力行使にともなうリスクが随伴する)労働契約においてはそれに適した独自の法的装置が必要である(従って,その欠如は大きな問題である)ことを示唆するものであり,この点からも労基法と民法の活用による労働契約法の整序という戦略は合理性を有しよう。[9]

かかる観点から,以下では現行法の下における労働契約法の解釈論的構成を可能な限り試みるが,これは同時に新たな立法論的視点の提示にもつながるといえよう。その際,特に,労基法の基本理念・原則を規定する同法1条・2条に注目することが重要となる。というのも,これらの規定は憲法27条2項の法意・理念を具体化するものであり,労働契約法ないし民法規定の労働契約法的整序の指針・指導理念としても活用さるべきであると解されるからである。

2 労働基準法1条・2条と労働契約法

(1) 労働契約法の根本規範(根本理念)としての労基法2条

労基法2条1項の法意は,企業の社会的権力性や労使の非対称性を見据えたうえで,かかる状況のもたらし得る帰結を是正ないし矯正して労使の実質的平

---

[9] 三井・前掲注8)論文111頁以下。

等を確立することが重要であるとの観点から、労働関係に関する事項は労使が「対等の立場」で「契約」によって決定すべきものであるとの理念を述べていると解される。換言すれば、これは、労働関係においては、労働者の対等の契約主体性が確保され、契約自由・私的自治ないしは労働者の自己決定の実質化が実現されることが必要かつ重要であることを示唆するが、そのためには労働契約の成立・展開・終了に関して企業の社会的権力を制限・抑制するための法的装置＝労働契約法が必要となってくるのである。この意味において労基法2条1項は労働契約法の根本規範（根本的理念規定）を構成するといってよい。

ただ、労働契約法の構想・制度設計にあたっては、全体像の明確化をはかるために上述の理念を更に具体化するための方向性ないし方策を示す必要があろう。そこで、2条1項の趣旨を踏まえれば、①労働者の対等契約主体性の確保、②労使の実質的交渉のための交渉過程・手続・プロセスの保障・整備、③労働者の自己決定を可能とする支援装置の整備、④対等決定性チェック装置の確立、⑤労使の行為指針や利益調整指針となる標準的ルールの設定などが具体的方向として導き出されよう。[10]

(2) 労基法2条2項の意義

労基法2条2項は、同条1項の理念と企業の社会的権力制限の必要性を踏まえて考えれば、そして規定の仕方からすれば、労働契約上の信義則を規定したものと解すべきであろう。確かに、民法1条2項の信義則を(1)で述べた方向で活用することでこと足りるといい得るが、その場合はあくまで付随義務論などを含め民法の信義則の理論構造の枠内ないし限界内でその活用がはかられることになる。しかし、敢えて労基法が民法とは別個に特別に労働契約上の信義則を規定したとするならば、ストレートに憲法27条2項の趣旨を踏まえた労働契約法の理念・要請に即して、労働契約法独自の観点から、労使の権利行使・義務履行過程の調整、労働契約の解釈、付随義務等の諸義務の構成などにあたりより柔軟な信義則活用をはかることができよう。[11] 例えば、企業の社会的権力を抑制・コントロールして労基法2条1項の理念を実現するために、ある

---

10) 以上については、三井・前掲注8) 論文118頁以下、同「労働契約法としての労働基準法（2）」広島法学28巻3号（2004年）38頁以下。

いはその条件・基盤ないし環境を整備・確保するために必要であれば，就労請求権（労働受領義務），職場環境配慮義務，安全配慮義務，公正評価義務，情報提供義務などの各種の義務が導き出され，たとえこれらが付随義務であっても労働者に履行請求権を認めるべきと解されよう。

(3) 労働契約関係における公序規範としての労基法1条

労基法1条も憲法27条2項の趣旨を踏まえて設けられた個別的労働関係法の理念を表明する規定と考えられる以上，その労働契約法的活用がはかられるべきといえよう。同条2項は労働関係の当事者が労基法の最低基準を踏まえ労働条件の向上に努めるべきことを述べるが，これはまさに労基法をベースラインとしてそれを上回るレベルで当事者が労働契約により労働条件を決定すべき旨をも含意していると考えられる。とすると，1項は労働契約法の側面においては，たとえかかる労基法を上回る労働条件決定であっても，更にそれが「人たるに値する生活を充たすべきものでなければならない」＝人たるに値しない労働条件であってはならないことを述べており，換言すれば，これは人たるに値しない労働条件は企業の社会的権力の不当な行使の結果であり公序に反することを意味しよう（例えば，極端な例ではあるが，1日の労働時間はあくまで合計7時間だが1時間働いては2時間30分休憩するといった労働条件を定める労働契約条項など）。なお，労働契約法を問題とする以上，1項のいう「人たるに値する」とは生存権的見地のみならず「人＝契約主体たるに値する」という労働者の対等の契約主体性確保（例えば，私生活や家族生活の自由，ライフスタイルの自由，私事の自由などの確保の必要性）の面からも捉える必要があろう。

ちなみに，企業の社会的権力の不当な行使の結果が公序に反するとしても，かかる公序違反を排除し公序を実現するための方法は労基法1条1項それ自体や民法90条を活用する以外にも多様なものが考えられ，例えば権利濫用の禁止や信義則を通じても公序の確保・実現をはかることが可能といえよう[12]。

---

11) 三井・前掲注8）論文115頁以下，同・前掲注10）論文40頁以下，同「労働契約法としての労働基準法（4）」広島法学29巻2号（2005年）196頁以下。
12) 三井・前掲注8）論文117頁以下，同・前掲注10）論文41—42頁。

(4) 労基法 1 条論・ 2 条論のまとめ

これまでの議論をまとめれば，労基法 1 条・ 2 条とも企業の社会的権力の抑制・制限・チェック（コントロール）を目的とするが，2 条は権力制限を通じての労働者の自己決定実現というポジティブな方向，1 条は不当な権力行使の効果を否定するというネガティブな方向をとるものである[13]。

しかし，これらの規定のみでは労働契約の成立・展開・終了をトータルにカバーすべき労働契約法としてはいまだ不十分であって，これらの理念に照らして民法規定を労働契約法として労働法体系内に整序・整備し，労働契約上の諸問題に対して総合的に活用をはかる必要があろう。憲法27条 2 項は労働条件「法定」の原則（要するに，既に述べたように，労働契約のルールを定めた法律を制定すべきとの原則）を示しているが，これに基づき直接に設けられた法律がなくとも，既に存在する他の「制定法」を活用することで対処が可能ならばかかる法的装置の存在をもって「法定」の原則を満たすことができるし，また憲法27条 2 項の法意に照らせばできるかぎりそのような「制定法」活用が要請されるものとも解されよう[14]。

なお，活用すべき民法規定は 1 条，2 条，90条，709条などの一般条項に限られず，性質が許す限り多くの規定が対象となるべきである。例えば，就業規則に明確な賃金体系・基準の存しない企業の男女賃金差別の事例で，裁判所は賃金額決定につき使用者に裁量を認め使用者の意思表示がない限り賃金差別された女性労働者の賃金額は確定しないと判示した（日ソ図書事件・東京地判平 4・8・27労判611号10頁，石崎本店事件・広島地判平 8・8・7 労判701号22頁）が，これでは，違法な差別（労基法 4 条違反）を行った使用者の裁量＝企業の権力行使を広く認める一方で，労働契約の要素であり重要な労働条件である賃金の額が未確定のまま放置されるという結論となり問題である。従って，このような場合には，賃金債務につき種類債務類似の状況がみられるとして，民法401条の労働契約法的活用を行い，同じキャリアや能力を持った男性社員の「中等」

---

13) 三井・前掲注10) 論文38頁以下。
14) 三井正信「準解雇の法理（3）」広島法学27巻 3 号（2003年）22頁以下，同・前掲注 8) 論文120頁以下。

＝平均賃金額で契約内容が「特定」するとの解釈が可能となろう[15]。

(5) 労働契約法としての労働基準法

また，労働契約法の必要性を考慮すれば，いくら労働保護法的性格が強いとはいえ，労基法1条・2条や既に若干存する労働契約法的規定（例えば，18条の2）以外の労基法規定でも労働契約法として活用可能性を有するならばできる限り活用をはかるべきといえよう。この点で注目されるのが，労基法の同一条文でも刑罰法規としての解釈と私法規定としての解釈を区別し，厳格解釈が要請される前者に対して，後者については私法的観点から柔軟に労基法規定のより広範な解釈をはかろうとする「労基法の二面（元）的解釈」論である[16]。しかし，この説の私法的解釈は，基本的にはあくまで労基法を強行規定・補充規定として解釈する（労基法13条参照）にとどまるため労基法の労働契約法的活用という観点からはいまだ不十分といえ，従って必ずしも強行規定・補充規定的側面に捕らわれることなく，より柔軟に公正な労働契約のルールという側面からも労基法を解釈する必要が存しよう。例えば，①労基法2条2項と3条・4条からは使用者の労働者に対する平等取扱義務が導き出される，②労基法32条・33条・36条・119条からすれば一定の時間外労働命令は厚生労働大臣が定める基準や36協定の範囲内であっても状況に応じては労基法の趣旨に反し違法性を帯びる場合がある，③自律的・自立的な働き方を前提とする労働基準法38条の3の趣旨からすれば専門業務型裁量労働制を労働者に適用するためには，労使協定の締結と就業規則の規定では不十分であり，更に個々の労働者の自己決定＝個別的具体的同意が必要である，などの解釈が可能といえよう[17]。

(6) 判例の労働契約法理における企業の社会的権力コントロール

さて，以上で，労働契約法の理念と基本構造・あり方を論じたが，それから

---

15) 以上の法理および石崎本店事件・広島地裁判決について，詳しくは，三井正信「使用者の裁量的賃金決定にもとづく男女間の賃金格差と労働基準法四条」労働法律旬報1394号（1996年）14頁以下。また，併せて，三井正信「労働契約法としての労働基準法（3）」広島法学28巻4号（2005年）32頁以下も参照。

16) 西谷敏「労働基準法の二面性と解釈の方法」伊藤博義＝保原喜志夫＝山口浩一郎（編）『労働保護法の研究』（有斐閣，1994年）1頁以下。

17) 三井・前掲注10)論文44頁以下。

すれば，日本的雇用慣行（終身雇用制・年功賃金制）を踏まえて形成され，現在確立をみている一連の判例の労働契約法理はいかに評価されるべきか。[18]

確かに，民法の一般条項等を用いて労働契約をめぐるルールに関し制定法の隙間を埋めたという点では評価できるものの，同時に一定の問題点も存している。まず，判例が法理に労働者の雇用安定化機能を取り入れて解雇権濫用法理を形成したこと（日本食塩製造事件・最二小判昭50・4・25民集29巻4号456頁）は，企業の社会的権力制限・コントロールの趣旨に合致しよう。ただし，企業の社会的権力行使による労働者の企業からの放逐という点では，不当な退職誘導や職場いじめなどにより労働者を退職に追い込む事例も同様に対処の必要性が存し，従ってこれを準解雇・擬制解雇ないしみなし解雇と捉え解雇と同様の保護を及ぼし得る法理が形成されてしかるべきであり，今後の課題となろう。また，整理解雇については整理解雇の4要件の中に労働者・労働組合との協議という手続的要件が一応は含まれているものの，解雇一般をみれば解雇法理の中に解雇手続規制の視点が含まれておらず，解雇が労働者に及ぼす不利益の大きさや企業の社会的権力制限という観点からみれば不十分と評価されよう。[19]

次に，判例が雇用安定化機能と引き替えにトレードオフの関係にあるとして，業務命令・人事異動および労働条件の決定・変更に関し広範な使用者の裁量権容認機能を認めたこと（例えば，業務命令に関し，国鉄鹿児島自動車営業所事件・最二小判平5・6・11労判632号10頁，配転に関し，東亜ペイント事件・最二小判昭61・7・14判時1198号149頁，出向に関し，新日本製鐵（日鐵運輸第2）事件・最二小判平15・4・18労判847号14頁，就業規則の不利益変更に関し，秋北バス事件・最大判昭43・12・2民集22巻13号3459頁，第四銀行事件・最二小判平9・2・28労判710号12頁など）は，企業の社会的権力性を容認するものであって労基法2条1項の趣旨に反し問題があろう。[20] 雇用保障を含め日本的雇用慣行をストレートに反映させるという構図は明確である反面，労働関係全体にわたり企業の権力制限をはかるべき

---

18) 日本的雇用慣行と労働契約法理との関係を分析する先駆的業績として，土田道夫「日本的雇用慣行と労働契約」日本労働法学会誌73号（1989年）31頁以下。
19) 三井・前掲注2）論文221頁，229頁。
20) 配転に関し，この理を述べるものとして，浜村彰＝唐津博＝青野覚＝奥田香子『ベーシック労働法　第2版』（有斐閣，2004年）76頁〔浜村〕。

シンポジウム（報告③）

との発想が稀薄なのである[21]。

　そして，労働契約関係における労使対等の理念を実現するためには，企業の社会的権力制限のみならず同時に労働者の契約主体性の確保も必要となるが，労働契約法理にはかかる視点が欠如しており，従って主体性を確保し実質的な契約交渉を実現するために手続的保障が必要であるという発想がそもそもみられない点にも大きな問題が存しよう。従って，今後は，個別労使間の手続を実質的に保障する観点から，労働契約上の信義則を通じて使用者の誠実交渉義務，情報提供義務，助言義務，協議義務，再交渉義務などを導き出す方向での法理構築が望まれよう。加えて，判例法理においては総じて労働者の契約主体性の前提となる自由や人権保障の視点も弱いが，今後は人権保障を含めた労働者の対等の契約主体性確保の前提・基盤を確立するための法理も重要となろう[22]。

III　労働契約法の解釈論的・立法論的基本構想

1　基本構想の方向性

　以上で労働契約法の基本構造を論じてきたが，これを踏まえ具体的な法理展開をはかり，併せて立法構想を提示する必要があろう。そこで，まず労働契約法の解釈論的・立法論的展開にあたり留意すべき点をみておくことにしよう。

　第1に，解釈論・立法論の展開にあたっては労基法1条・2条の理念を踏まえた議論を行う必要があろう。第2に，労使対等決定を実現するためには，企業の社会的権力制限に加え労働者の契約主体性確保の視点も重要となる。第3に，労働力の流動化傾向や成果主義・能力主義賃金の広範な普及にともなう日本的雇用慣行の変化により従来の日本的雇用慣行をベースにした判例の労働契約法理の妥当性が失われる可能性があるので，とにかく労働契約法の基礎や基本原理を押さえた上で現状の変化に適合した労働契約のルールを構想すべきである。第4に，立法論に限れば，企業の社会的権力を制限し労使対等を実現するためには多様な性格の規定を組み合わせて規制を行う必要があり，具体的に

---

[21]　三井・前掲注2）論文206頁以下，215―216頁，同・前掲注8）論文108―109頁。
[22]　三井・前掲注15）広島法学論文24頁以下，同・前掲注11）論文211頁以下。

は，事項や当事者の状況に合わせ，強行規定，contract-out 規定，労使協定や労使委員会決議により強行性を解除できる強行規定，労使の利益バランスを考慮して一定の標準モデルを設定し当事者の意思推定を行うとともに当事者が合意によりそれから離れる場合には合理的な理由を必要とする旨の規定，任意規定，個別労使間の手続的整備を行う規定などの適切な組合わせが求められよう。第5に，強行規定を設ける場合には，企業の不当な権力行使を阻止・抑止するための絶対的強行規定と当事者の対等性を確保するために一応は強行規定とするが当事者の対等性が確保されれば強行性をはずすことができる相対的強行規定を区別する必要がある。第6に，以上からすれば，厚労省の「報告書」には大きな問題点が存すると思われるので，それを批判的に検討する必要がある。[23]

　紙幅の関係で，以上の点を労働契約の成立・展開・終了のすべての側面にわたって具体的に展開し考察することはできないので，以下では，重要事項のうち労働者の人権，人事，解雇の三点を取り上げ具体的に検討を加えてみよう。

2　労働者の人権保障の法理

　問題となる事例に応じて濃淡の差はあるが，これまで総じて判例は一般的に労働者の人格権やプライバシーや私生活の自由など労働者の人権保護に関し比較的冷淡な態度を示してきたといえる。[24] しかし，それらの労働者の人権は労働者が企業に対して対等の契約主体であるための前提ないし基盤をなすものであり，しかも企業の社会的権力に直面して侵害ないしは危機にさらされる危険性が常に存している。とするならば，使用者は労働契約上の信義則に照らして労働者の人権・人格権・自由などを侵害しない義務を負うか，あるいはセクハラや職場いじめで問題となる職場環境配慮義務（京都セクシュアル・ハラスメント（呉服販売会社）事件・京都地判平 9・4・17労判716号49頁，三重セクシュアル・ハラスメント（厚生農協連合会）事件・津地判平 9・11・5 労判729号54頁，エフピコ事件・

---

23)　「報告書」に先立ち2005年 4 月に公表された「中間取りまとめ」についての筆者の総合的検討として，三井正信「課題山積の今後の労働契約法制」労働法律旬報1600号（2005年）28頁以下。
24)　道幸哲也『職場における自立とプライヴァシー』（日本評論社，1995年），同『成果主義時代のワークルール』（旬報社，2005年）参照。

水戸地下妻支判平11・6・15労判763号7頁など)を拡大し，労働過程一般に関してのみならず人権を含め労働者の契約主体性が確保されるような快適な職場環境を整備・配慮する義務を負うと解すべきであろう。その際，特に，ワーキングライフ(労働領域＝契約対象)と私生活を明確に線引きし，労働者が契約にあたり対等の契約主体として後者の自由を確保できるようにすることも重要な視点となり，従って労働者の私生活の自由を就業規則に規定された使用者の業務命令権により広範に制約し得るとの結論を導く判例の立場(日立製作所武蔵工場事件・最一小判平3・11・28労判594号7頁)には問題があろう。

なお，立法論としては，労働者の対等の契約主体性の確保という観点から「労働契約法」に一般的に労働者の人権を保護する規定を設けるべきといえるが，ことの重大性からそのような規定は強行規定とするのみならず一定の違反に対して刑罰を設けるべきであろう。この点につき，「報告書」は使用者の個人情報保護義務を「労働契約法」に規定すべき旨を述べるのみで，プライバシー権を含め全体として一般的に職場における労働者の人権保護に無関心である。

3　人事異動の法理——出向を例にとって——

出向については，民法625条1項との関係で労働者の同意が必要であると解されるが，判例は，密接な関係にあるグループ企業かあるいは労働者の出向労働条件につき労働組合等による事前の調整がなされていることを前提にするとはいえ，結局は，就業規則の一般的出向条項があれば労働者の同意を認め出向義務を肯定する包括的同意説に立っていると解される(新日本製鐵(日鐵運輸第

---

25) 三井正信「労働者の能力を公正に評価する義務は使用者の労働契約上の義務として構成可能か」日本労働研究雑誌501号(2002年)88頁，同「公正評価義務論の意義・射程と限界(3・完)」広島法学26巻4号(2003年)119頁以下，同「準解雇の法理(5・完)」広島法学28巻1号(2004年)87頁以下，同・前掲注11)論文208頁以下。

26) この判決については，盛誠吾「時間外労働義務」山口浩一郎＝菅野和夫＝西谷敏(編)『労働判例百選[第6版]』(有斐閣，1995年)98頁以下。

27) 三井・前掲注2)論文222頁以下。

28) 下級審の判例状況については，三井正信「長期にわたる出向を命ずる業務命令の法的根拠と効力」法律時報69巻6号(1997年)113頁。また，新日本製鐵(日鐵運輸第2)事件・最判については，名古道功「出向命令と期間延長の有効性」ジュリスト1269号(2004年)215頁以下。

2）事件・最二小判平15・4・18労判847号14頁[28]）。これは近年の企業のグループ化や分社化の進展，リストラ手段としての出向の多用といった状況を踏まえての判断傾向であると思われる。しかし，使用者が自らの一方的作成になる就業規則により労働契約の重大な変更である出向を命じ得るとの帰結は労基法2条1項の理念に合致しない。むしろ，かかる理念に照らして民法625条1項を解釈すれば，そこでいわれる「承諾」とはあくまで労働者が契約主体性と自己の合理的な利益を保持・確保しつつ使用者と対等の立場でなした実質的な同意（自己決定）であると考えるべきであろう。

　そうすると，使用者が労働者に出向を命ずるには，単に出向に関する就業規則や労働協約の規定が存するのみでは不十分であって，使用者は労働者の対等主体性の実質的確保に留意しつつ十分な情報提供をともなった実質的な交渉を行い，その都度の労働者の同意を得るか，あるいは出向先・出向期間・出向条件・出向復帰・事前手続などを具体的に定めた就業規則ないし労働協約規定の存在（ちなみに，就業規則の場合には，併せて，出向規定を設けるにあたり労働組合等と十分な話し合いがなされ対等決定性の確保と労働者の利益調整がなされていることも要しよう）を前提にそこで予定される出向について実際に労働者の予めの明示の同意（具体的事前同意）を得なければならないといえよう。

　また，使用者が労働者の予めの同意を得て事前の出向命令権を有する場合には，出向命令権の濫用が問題となり得るが，基本的には，前掲・新日本製鐵（日鐵運輸第2）事件・最判が示すところの，企業側の必要性と労働者の被る不利益とを比較衡量して権利濫用の有無を決し，その際，併せて人選の合理性と手続の相当性を考慮するという基準が概ね妥当であると考えられる。ただし，労働者の被る不利益については労働条件等の調整・手当のみならず私生活を含めた労働者の契約主体性確保の配慮が十分なされたかどうかが濫用を回避するための重要なポイントとなろうし，人選の合理性や手続の相当性についても対等の契約主体性の確保という観点から厳格に判断・考慮されるべきといえよう。特に，労働者の「承諾」を実質化するために，使用者は人選理由も含めた権限行使前の出向告知や労働者の意向・事情聴取を行うなどして労働者の納得性を確保することが手続的に要請されよう。そして，労働者側も含めて事情が大き

く変化したような場合には，使用者に再交渉義務を認め，労働者の新たな同意や了解を求めることが必要となると解すべき場合も存しよう。[29]

以上からすれば，「報告書」が，単に，①使用者が出向を命ずるためには，個別合意，就業規則または労働協約に基づくことを法律で明らかにすること，②権利濫用法理を法定し，労使委員会における事前協議や苦情処理が適正に行われたことが権利濫用の判断において考慮要素となり得ることを指針等で明らかにすること，という立法提言を行うにとどまる点は極めて不十分といえよう。

4 解雇規制の法理[30]

(1) 解雇権濫用法理と労働条件法定の原則

私見によれば，判例が展開してきた解雇権濫用法理は，解雇に関し憲法27条2項および労基法1条の観点から使用者の不当な企業権力行使を公序違反と位置づけ制定法である民法の権利濫用禁止規定（1条3項）を用いることでこれをチェックするものと考えられる。[31]そうすると，かかる解雇権濫用法理を条文化した2003年の労基法改正（労基法18条の2の新設）は，「法定」の原則を更により一層推し進めたものとして一定評価できよう。しかし，「法定」といい得るためには，解雇が違法とされる基準が明確に示されることが必要となるが，労基法18条の2が規定するのは抽象的な解雇権濫用基準にすぎず，しかも整理解雇の要件にはまったく言及していない点は極めて問題である。また，そもそも「法定」の原則を重視するなら，権利濫用説ではなく解雇要件を明定する正当事由説に立つべきといえよう。そして，企業の社会的権力行使をコントロールし労働者の不利益を緩和・軽減・回避するために必要となると考えられる解雇手続が法定されていない点も問題であり，従って労働契約上の信義則を通じ

---

29) 三井・前掲注15) 広島法学論文29頁以下。
30) 解雇をめぐる全般的な問題状況については，道幸哲也＝小宮文人＝島田陽一『リストラ時代 雇用をめぐる法律問題』（旬報社，1998年），大竹文雄＝大内伸哉＝山川隆一（編）『解雇法制を考える［増補版］』（勁草書房，2004年），三井正信「リストラ規制の新動向」高橋弘＝後藤紀一＝辻秀典＝田邊誠（編）『現代民事法改革の動向Ⅱ』（成文堂，2005年）193頁以下。
31) 三井・前掲注14) 論文22—23頁。

解釈論的に一定の使用者の手続上の義務を導き出すべきであろう。

これに関し,「報告書」が,解雇権濫用法理を基礎にして解雇類型や整理解雇の考慮要素を法律で明らかにしつつ解雇にあたり使用者が講ずべき措置を指針で示すことを提言するにとどまり,正当事由説を正面から退けている点は立法論としては極めて不十分といえよう。しかも,解雇の事前手続につき消極的で慎重な態度を示している点にも大きな問題があろう。

(2) 解雇の金銭解決をめぐる問題

解雇権の行使が権利濫用で無効とされ労働者が裁判で勝訴した場合であっても,実際には労働者が企業に戻る例はそれほど多くはない(従って,通常は和解金を得て労働関係を解消している)との実情を踏まえて,従来の解雇権濫用法理に加えて更に解雇の金銭解決を提唱し,労働者に,解雇無効を追求して従業員の地位確認を行うか,それとも解雇の違法性を踏まえて契約関係は解消しつつ慰謝料に逸失利益を加えた損害賠償請求を行うかの選択を認めるべきであると一定の学説によって有力に主張されてきている[32]。これは,雇用継続の自己決定を行うか,それとも違法解雇=企業の不当な権力行使=公序違反に由来する信頼関係喪失に基づく雇用関係継続困難性を踏まえて違法解雇の責任追及を行うかの選択肢を労働者に認めるという点で妥当な考えといえよう。

これに対し,「報告書」は,一定厳格な要件を要求するとはいえ,解雇権濫用の場合に労働者側のみならず使用者側からも金銭解決を行うことができるようにする旨を提言する。しかし,解雇権が濫用とされる場合には企業の社会的権力の不当な行使がなされたのであり,これは公序に反する状態にほかならない。使用者に金銭解決を認めることは,まさに憲法27条2項に由来する公序を侵害した張本人である使用者(企業)が公序違反の結果・状態(労働者の企業からの排除)を維持・継続できることになり,妥当でない。また,企業の不当な社会的権力行使に対する抑止力という点からみても使用者に金銭解決の道を開くべきではないだろう。従って,解釈論のみならず立法論においても労働者の

---

[32] 代表的な見解として,小宮文人「解雇はどう救済されるのか」道幸ほか・前掲注30)書125頁以下,同「雇用終了における労働者保護の再検討」日本労働法学会誌99号(2002年)41頁以下,本久洋一「違法解雇の効果」日本労働法学会(編)・前掲注1)書208頁以下など。

イニシアティブ（自己決定）に基づく金銭解決のみを認めるべきといえる。

(3) 準解雇・擬制解雇・みなし解雇をめぐる規制の欠如

使用者が不当な退職誘導を行ったり，いじめや嫌がらせなどを行うことを通じて労働者を退職（辞職ないし労働契約の合意解約）に至らしめるようなケースについては，企業の不当な権力行使による雇用関係の終了という点において解雇と変わりはなく，従ってこれを準解雇，擬制解雇ないしはみなし解雇と捉えて解雇と同様の規制を及ぼすべきといえる。そこで，具体的には，使用者に帰責事由（不当な退職誘導，いじめや嫌がらせなど）がみられ，それが原因となって労働者が不本意に退職に至った（本当は辞めたくなく，いじめ等がなければ退職しなかった）ということを使用者が認識するか認識し得るべきときには，心裡留保類似の状況にあるとして，民法93条但書の類推適用により労働者の辞職ないし合意解約の意思表示を無効とすべきことが考えられる。[33]

この点に関し，「報告書」が8日間のクーリング・オフ期間を設けるべきことを示唆している点は評価できるが，退職の意思表示の取消しないし無効の可能性を認めていない点は，消費者法と比べても大きな問題があろう。

Ⅳ 若干のまとめ

憲法27条2項の労働条件法定の原則からすれば，労働契約をめぐるルールを総合的・体系的に定める制定法（「労働契約法」）を設けるべきことになるが，それとはほど遠い状態にある現在においては，労基法1条・2条の理念を踏まえて，民法規定を活用したり労基法を労働契約法的に解釈したりすることにより対処すべきことになる。確かに，立法化へ向けて先般「報告書」が公表されたが，これまで縷々検討してきたように，それは多くの問題を含むとともに極めて不十分な内容にとどまっており，従って，それに基づいて「労働契約法」が制定されるとしても，本稿で述べてきたような戦略と方向性に基づいて制定

---

33) 三井正信「準解雇の法理（4）」広島法学27巻4号（2004年）31頁以下。なお，小宮文人「退職と擬制解雇」角田邦重＝毛塚勝利＝浅倉むつ子（編）『労働法の争点［第3版］』（有斐閣，2004年）167頁以下も参照。

法の問題点を矯正ないし補正するとともに不十分さや欠缺を埋めていく必要があり，加えてあるべき「労働契約法」の制定へ向けて建設的な形で批判も交えた理論的営み（立法論の展開）を続けていかなければならないであろう。

（みつい　まさのぶ）

有期労働契約法の新たな構想
――正規・非正規の新たな公序に向けて――

川 田 知 子

(亜細亜大学)

I　はじめに

　近年の厳しい経済情勢の下，常用労働者は減少する一方で，多様な働き方の拡大，特にパートタイム労働者や契約社員，派遣労働者といったいわゆる期間雇用労働者が増加しつつある。経済活動の変動の加速化や労働者の就労形態・就労意識の多様化などにより，日本型雇用システムの見直しやバッファーとしての雇用の流動化がある程度避けられないとしても，労働者の「身分格差」の拡大を放置すべきではなく，また不合理な労働条件格差を是認することは，労働者の人格的利益としての職業能力やその実現としての成果を侵害することにもなる[1]。にもかかわらず，現状においては，雇用形態の多様化に対応した労働市場の法規制は不十分であるといわざるを得ない。また，これまでの訴訟過程においては，期間雇用労働者をめぐる雇用保障や労働条件等の処遇問題について，個々の事案ごとに諸般の事情を総合考慮して判断されてきたに過ぎず，期間雇用に関する包括的な判断枠組みが構築されてきたわけではない[2]。長期雇用保障の対象となる労働者を典型として，期間雇用労働者と明確に区別してきた従来の企業の労務管理を前提とする判断枠組みは，雇用形態の多様化への動き

---

1) 浜村彰「構造改革と労働法制」日本労働法学会誌103号（2004年）115頁。
2) 同様に，正規従業員モデルとは別に，いわゆる非正規従業員に関する「もうひとつの労働契約法理」が存在しており，そこにおいては，正規従業員を標準としてそれとのアナロジーや対比で議論がなされるにとどまり，固有の意味での労働契約法理は必ずしも深められていないとの指摘もある。中窪裕也「労働契約の意義と構造」日本労働法学会編『労働契約・講座21世紀の労働法第4巻』（有斐閣，2000年）7頁以下。

の中でなお持続可能なものであるのだろうか。むしろ，このような従来の雇用契約法理を見直し，雇用形態の多様化に対応した新たな判断枠組みをどのように構築するか検討する必要があるのではないだろうか。

こうした問題状況に鑑みて，本稿では，期間の定めがあるか否か（正規か非正規か）の区分を超え，両者を同一の規整原則の下に置くためのルール設定を目的としている。そこで以下では，まず，期間の定めの意義と有期労働契約法理の問題点を確認した上で，本稿の課題を確認する（Ⅱ）。次に，有期労働契約に関するドイツの議論を踏まえて，有期労働契約の締結および雇止めに関する新たな法的枠組みを提示する（Ⅲ）。さらに，正規・非正規労働者の均等待遇について検討し，立法課題に関する具体的構想を提示する（Ⅳ）。おわりに，厚生労働省の「今後の労働契約法制の在り方に関する研究会」報告書（以下「最終報告書」という）を批判的に検討し，有期労働契約法制の課題を提示する（Ⅴ）。

なお，有期労働契約法制を検討するためには，本来，有期労働契約に関連する諸問題をあわせて検討すべきであろう。しかし，紙数の関係上，本稿では，労働契約法制の議論に関連する範囲内で有期労働契約の問題を検討するにとどまることを断っておきたい。また，本稿は，従来の判例法理の整理・分析を行うものではなく，正規従業員とは区別された現行の有期労働契約法理の見直しを中心に考察するものであることから，この課題に対して筆者なりの視点を提示して，有期労働契約法制の構築を試みることにしたい。

Ⅱ 契約期間の定めの意義と有期労働契約法理

1 契約期間の定めに関する法律規定

本稿で有期労働契約を扱うにあたって，まず確認しなくてはならないのは，期間の定めの意義である。

雇用労働に関する契約に設けられた「期間」の意義は，その期間中，当事者は相互に当該契約の存続維持の義務を負い，一方当事者の告知による解約は原則として許されない，すなわち，契約の拘束力が維持される期間ということに

ある。したがって、労働契約に期間が設定されると、当事者は、「やむを得ない事由」がない限り、契約を途中で解除することはできない（民法628条）。このような拘束機能は、使用者にとっては一定期間必要な労働力を確保する手段としての実際的意義を有するものであるが、労働者にとっては、辞職や転職を制限される拘束手段として機能することになるため、長期にわたる契約が設定されると、契約当事者は、その意に反して契約の継続を強制される可能性が高くなる。

　そこで、民法および労働基準法は契約期間の上限を規制している。民法626条は、雇用契約において期間の定めをした場合は、いずれの当事者も、5年経過後はいつでも3ヶ月前の予告で契約を解約することができるとしている。さらに、旧労働基準法14条は、労働者保護の目的から、このような労働者の人身拘束的側面に注目して、一定の事業の完了に必要な期間を定めるもの以外は、労働契約について「1年を超える期間について締結してはならない」（旧14条）と規定した。その後、労働市場の規制緩和の流れの中で、2003年労働基準法改正の際に、契約期間の上限規制は3年（例外的に5年）に緩和され、現在に至っている。このように、有期労働契約に関する労働基準法上の規制は、契約期間の上限規制のみである。労使の多様なニーズに対応しうる有期雇用の実際的機能に鑑みて、労働基準法は、有期雇用契約の締結および更新は当事者の自由に委ねてきたからである。その意味では、有期労働契約に関するわが国の法規制は、労使自治を最大限に尊重しつつ、労働契約の多様性に対しては極めて寛

3）　期間の定めについては、菊池高志「労働契約の期間」日本労働法学会編『労働契約・講座21世紀の労働法第4巻』（有斐閣、2000年）55頁以下、拙稿「労働契約の期間」『労働法の争点〔第3版〕』（有斐閣、2004年）134頁参照。

4）　近年、同条の「やむを得ない事由」の判断をめぐって、有期契約期間途中の約定解除権行使の有効性が問題になっている（安川電機八幡工場事件・福岡高決平14・9・18労判840号52頁、モーブッサンジャパン事件・東京地判平15・4・28労判854号49頁、ネスレコンフェクショナリー関西支店事件・大阪地判平17・3・30労判892号5頁）。

5）　菅野和夫『労働法〔第7版〕』（弘文堂、2005年）166頁。

6）　2003年労基法改正については、拙稿「有期労働契約法制の改正と法的課題」季刊労働法第203号（2003年）、唐津博「2003年労基法改正と雇用・有期契約規制の新たな展開」日本労働研究雑誌523号（2004年）、島田陽一「解雇・有期労働契約法制の改正の意義と問題点」労旬1556号（2003年）などがある。

容であったということができる。

2 有期労働契約法理

　以上のような法的・実際的機能のほかに，有期労働契約はその期間の満了によって自動的に終了するという機能を有しており，これが，有期労働契約をめぐる法的紛争の原因になっている。なぜなら，期間の定めのある労働契約の更新が拒絶された場合，厳密な契約理論に従うと，契約関係は当然終了することになるため，これを貫くと，有期契約労働者の地位は非常に不安定なものとなってしまうからである[7]。

　この点，従来の学説は，臨時工の雇止め問題に対して，(a)使用者が有期労働契約の反復更新により労働保護法規を回避する場合（すなわち，有期労働契約の反復更新が脱法行為である場合）には，有期労働契約から無期労働契約への転化を認める説（脱法行為説）や，(b)有期労働契約が反復更新されることについて客観的な合理的な理由が存在しない場合に，それは無期労働契約として取扱われるとする説（客観的事由説）などが主張されてきた[8]。

　これに対して，判例は，解雇権濫用法理の潜脱防止のために，一定の場合に期間満了による契約終了の法的効果を否定する法理を発展させてきた。判例をその論拠に従って分類すると，(a)当該有期労働契約は期間の定めのない契約と実質的に異ならない状態になっていたとするもの（実質的無期契約タイプ）[9]，(b)雇用継続への合理的な期待が認められる契約であるとされ，その理由として相当程度の反復更新の実態が挙げられているもの（期待保護（反復更新）タイプ）[10]，(c)格別の意思表示や特段の支障がない限り当然更新されることを前提として契約が締結されているとして，雇用継続への合理的な期待が，当初の契約締結時等から生じていると認められる契約であるとされたもの[11]等に大別することがで

---

[7]　小宮文人「有期労働契約──雇止めに関する判例法理の分析を中心として〔上〕」労旬1555号（2003年）10頁。
[8]　この学説の議論状況については，小西國友「連鎖労働契約の基礎理論」『解雇と労働契約の終了』（有斐閣，1995年）参照。
[9]　東芝柳町工場事件判決・最一小判昭49・7・22民集28巻927号。
[10]　日立メディコ事件判決・最二小判昭61・12・4判例時報1221号134頁。

きる[12]。以上の判例法理は，その後，さまざまな短期労働契約の更新拒否事例に適用されるに至っている。

3 有期労働契約法理の問題点と課題

このように，わが国では，有期契約の期間満了について特段の規定は存在しないにもかかわらず，有期契約の期間満了を理由とする雇止めに解雇権濫用法理を類推適用する判例法理を発展させてきた。後述するヨーロッパの国々では，有期労働契約を締結するには，有期契約労働者を雇い入れる明確な臨時的必要性があることを要求する立法が整備されているのに対して，有期労働契約に関する日本の法整備の状況は大きく遅れているといわざるを得ない。もっとも，このような立法の遅れを，これまでは判例による解雇権濫用法理の類推適用というかたちで補ってきた点は評価できよう。

しかしながら，有期労働契約の雇止めに解雇権濫用法理を類推適用することには，以下のような問題がある。

第一に，解雇に関する法規制を類推適用するという判例法理が確立されたことによって，有期労働契約の期間満了による自動終了を期間の定めのない契約の解雇規制との関係でどのように考えるべきか，という問題について十分議論してこなかったという点である。有期労働契約の雇止め事例は多種多様であるため，個々の事案で雇止めの判断要素がどのように位置づけられ，どういった要素を重視して導かれたのかについて議論を尽くしたとしても，問題の解決にならないのではないだろうか。

第二に，有期労働契約の雇止めについては，採用基準や貢献度等の別の要素を入れて濫用性を判断しようとしている面もあり，判断要素の相互関係が明らかではなく，透明性が低い。そのため，判断の予測可能性が極めて低く，裁判規範あるいは行為規範としては不明確であるといわざるを得ない[13]。

---

11) 福岡大和倉庫事件・福岡地判平2・12・12労判578号59頁。
12) 紙数の関係上，裁判例の詳細は省略する。雇止めに関する裁判例を詳細に整理・分析したものとしては，有期労働契約の反復更新に関する調査研究会「有期労働契約の反復更新に関する調査研究会報告」（平成12年9月）がある。

第三に，解雇権濫用法理は，非正規従業員をバッファーとする雇用慣行を承認しているため，正社員とそれ以外の労働者の差別を公正の判断から除外してきたという点である。[14] 有期労働契約に対する解雇法理の類推適用を広く認めながら，裁判例は総じて，期間雇用労働者は，契約を反復更新された後にも，人員整理においては契約の性質上正規従業員に劣後した地位にあることを認めてきた点も見過ごしてはならないであろう。

　そこで，こうした問題状況に鑑みると，有期労働契約の問題は，従来の判例法理の整理あるいは分析による体系化では不十分であるように思われる。むしろ，有期労働契約の期間満了による自動終了を期間の定めのない契約の解雇規制との関係でどのように考えるべきかという問題について，有期労働契約法理を単なる反復更新法理としてではなく，解雇制限法理と整合性をもつかたちで議論する必要がある。

III　有期労働契約の締結，更新および雇止めに対する規制

　本章では，まず，有期労働契約について判例・学説ともに理論的な議論を展開してきたドイツを参考にしながら，わが国における有期労働契約の法政策的な規制のあり方を検討する。

1　ドイツにおける連鎖労働契約理論[15]

　ドイツでは，契約自由の原則および民法620条１項の規定に基づき，原則として，期間の定めのある労働契約は適法であり，期間満了によってその契約は自動的に終了することとされている。しかしながら，戦前からライヒ労働裁判所は，使用者が被用者の解雇制限に関する法律の規定を回避する目的で締結した連鎖契約は違法であると判断し，客観的な法律の回避という基準によって連

---

13)　小宮文人「有期労働契約――雇止めに関する判例法理の分析を中心として〔下〕」労旬1556号（2003年）21頁。
14)　島田陽一「解雇規制をめぐる立法論の課題」日本労働法学会誌99号（2002年）78頁。
15)　ドイツの連鎖労働契約理論に関する詳細な研究としては，小西・前掲注８）書271頁以下がある。

鎖労働契約の適法性を判断してきた。その後、1951年に解雇制限法が制定され、期間を定めない労働契約が望ましいという法規制の原則が確立した後、1960年10月12日の連邦労働裁判所が、有期契約について現在に至る先例となる判断を下した。すなわち、契約によって変更し得ない解雇制限法（および母性保護法等の特別の解雇制限規範）に基づく解雇制限が、かかる目的に反する契約形成によって潜脱されないように、当該労働者が期限の定めのない労働関係であれば一般的（または特別の）解雇制限を享受したであろう場合には、労働関係の期限設定には正当事由を必要とする、という法律回避の理論を適用したのである。この判例の特徴は、反復更新された有期労働契約の適法性ではなく、有期労働契約それ自体の適法性の判断にあたって、法律の回避という基準を定立した結果、有期労働契約の締結には正当事由が必要である、と判断した点にある。

その後、いかなる場合が正当事由に当たるのかについてBAGの膨大な判例が蓄積されることになったが、その複雑さと予測可能性に対して、経済界の批判が増し、好景気の時期にあっても、使用者は、有期契約の締結を控えるようになった。このような状況に加え、その後のドイツ労働法の規制緩和の流れの中で、有期労働契約は、1985年就業促進法、およびその後の2001年パートタイム労働・有期労働契約法において立法化されるに至った。それによれば、有期労働契約は原則として判例法理に従い、「正当事由」がある場合にのみ許容されるとして正当事由を明記し、正当事由を必要としない有期労働契約を例外的にのみ認めることとしている。

この点についてわが国と比較すると、両国の共通点は、期間の定めのある労働契約を締結することができるという点であり、その根拠としては、第一に、日本とドイツの法秩序に内在する契約の自由があり、第二に、期間の定めのあ

---

16) BAG Beschluss v. 12.10.1960, AP Nr. 16 zu 620 BGB Befristeter Arbeitsvertrag.
17) 橋本陽子「ドイツ、フランスの有期労働契約法制調査研究報告（第一章ドイツ）」労働政策研究 No. L-1（2004年）12頁。
18) 1985年就業促進法については、和田肇『ドイツの労働時間と法——労働法の規制と弾力化』（日本評論社、1998年）参照。また、2001年パートタイム労働・有期労働契約法については、拙稿「ドイツにおけるパートタイム労働並びに有期労働契約をめぐる新動向——パートタイム労働並びに有期労働契約法の制定とその意義——」中央学院大学法学論叢第15巻1・2号（2002年）、橋本・前掲注17）13頁以下参照。

る労働契約が民法において明文で規定されているという点を指摘することができる。

　しかし、反復更新された有期労働契約に対する両国の対応は大きく異なっていたといえよう。前述したように、ドイツでは、「連鎖契約」を規制するために、有期契約そのものを「合理性」の観点から制限してきたのに対して、日本では、有期労働契約が反復更新され、「連鎖契約」になった段階で更新拒否を制限しているに過ぎない。このような相違は、解雇制限に関する実定法の存否が大きいのではないかと考える。つまり、有期契約を解雇制限法やその他の強行法規の目的を回避するものとして制限してきたドイツに対して、日本ではこれまで、実質的な解雇制限は判例法に委ねられてきたため、使用者が解雇に関する各種の制限を回避する場合にも、それは強行法規の回避といえないことが多く、脱法行為の理論によって労働者の保護を十分に図ることができなかったためであると考えられる。このように、日本とドイツは、同様の問題に対してその理論の発展過程が異なったことにより、現在のような有期契約に関する法制度の大きな違いを生じさせてしまったということができるだろう。

2　有期労働契約をめぐる解釈・立法論の課題

　以上のようなドイツの議論状況を参考にすれば、わが国においても、以下の

---

19) ドイツでは、このような有期雇用契約に関する制約の緩和が解雇コストを減少させ、その結果雇用を増大させるだろうという期待がもたれていたが、実際には期待された雇用効果を生み出すことに失敗したと報告されている。スザンネ・フックス、ロナルド・シェッツカット「ドイツ――規制されたフレキシビリティー」G.エスピン―アンデルセン、マリーノ・レジーニ編／伍賀一道他訳『労働市場の規制緩和を検証する――欧州8カ国の現状と課題』（青木書店、2004年）。なお、1985年就業促進法および2001年パートタイム労働・有期労働契約法におけるパートタイムとフルタイムの均等取扱い並びに有期労働者に対する均等待遇の義務づけに見られるように、こうした非正規雇用の拡大が格差の拡大や不当な労働条件低下に結びつかないような配慮がなされていることに留意しなければならない。西谷敏『規制が支える自己決定』（法律文化社、2004年）109頁。
20) 筆者が以前に有期労働契約の締結事由の制限について論じたときには、すでに制限のない形で定着している有期契約を制限することは現実的ではなく、労働者の雇用の機会を狭めることにもなりかねないと論じた。拙稿・前掲注6）論文。しかし、ドイツの議論を踏まえ、かつ解雇権濫用法理が労基法18条の2として明文化されたことを踏まえ、現在では有期雇用の締結事由の制限が可能であると考えるに至っている。

ような解釈論および立法論を展開することができると考える。

　まず，日本においても既存の法律を根拠にして，有期労働契約は正当事由がある場合にのみ許容されると考えることができるだろう[20]。なぜなら，平成15年の労基法改正によって，解雇権濫用法理を確認する強行規定（労基法18条の2）が立法化されたことにより，「解雇制限に関する法律の規定を回避する目的で締結した有期契約は違法である」とするドイツのように，脱法行為の理論によって労働者を保護することができると考えるからである。脱法行為とは，強行法規の目的をそれ自体では適法な行為により回避する場合をいう。つまり，雇用の安定または雇用の継続が個別労働法上の基本原則であることを承認した労基法18条の2を，それ自体では適法な法形式である有期労働契約により回避することは脱法行為であり，そのような有期労働契約は違法，無効になると考える。このような同条の解釈の結果，有期労働契約の締結は自由であるとする民法解釈は修正を迫られ，その自由も完全な自由であるわけではなく，有期労働契約を締結するには「客観的に合理的な理由」が必要であると構成することができる。そして，労働契約においてそのような客観的に合理的な理由なしに期間が定められた場合は，当該労働契約は期間の定めのないものとみなされるべきである。したがって，有期労働契約の締結には合理的理由が必要であるとする原則は，新たな立法を待つまでもなく，労基法18条の2の解釈によって可能であると考える。

　とはいえ，労基法18条の2が権利濫用論として解雇の合理的理由を求めていることから，有期契約締結の自由を正面から否定するものではないとの異論もありうるとすれば，やはり，「客観的に合理的な理由」を求める立法的措置をとることで，解雇制限法理と有期契約締結の自由との論理的整合性をはかっておく必要はあろう（筆者の立場からすれば確認的規定である）。なお，有期労働契約の締結に「客観的に合理的な理由」を求めるとして，その際，その事由を限定的に列挙すべきかが問題となる。フランスやドイツの法制度を参考にして，その事由を限定すべきとの立場もありうるが[21]，筆者は，「労働契約は，客観的に合理的な理由がある場合に限り，期間を定めて締結することができる」との規定を設ければよく，具体的に列挙するまでは必要ないと考えている。ただ，

有期契約の締結が労働関係の終了に関する合意をも含む以上，解雇の場合と同様に，契約締結の際に有期契約とする「客観的に合理的な理由」および「上限期間」の書面による明示を使用者に法律上義務づけるべきである。これにより，使用者は明示した理由以外の事由を主張することができず，裁判所は当該事由の合理性の有無を判断すればよく，紛争の予防と解決に資することになる。

有期労働契約の締結に合理的理由を求める以上，有期労働契約の雇止めを別途規制する必要は少なくなるが，契約締結時の予測可能性に限界があることから現実には例外的にせよ反復更新されるような場合はありうる。したがって，更新回数の上限をも限定しておくことは無用ではない。そして，使用者が明示した（また，法が認める）更新回数の上限を超えて雇用が継続された場合には，当該労働者の労働契約は期間の定めのないものとみなされるべきである。

Ⅳ 有期契約労働者と正社員との均等待遇

次に，本稿では，有期契約労働者と正社員の均等待遇をめぐる法的規制のあり方について検討する。これまでわが国では，もっぱらパートタイム労働者と正社員の均等待遇をめぐって議論されてきた。しかし，パートタイム労働者も有期契約労働者も，いわゆる非典型雇用グループに属するものであり，正社員との均等待遇は両者が抱える共通の問題であること，また，パートタイム労働者の多くは，有期契約で雇用されており，両者の問題は混在して現れることから[22]，両者を同一の次元で論じることが必要であると考える。なお，均等待遇をめぐってはこれまで解釈論が重要な役割を果たしてきたが，本稿は労働契約法制定に向けた現在の議論に関係する範囲で論じるものであるため，立法論に限

---

21) この点については，労働契約に期間を定めることのできる事由を限定するだけでなく，更新を含めた契約存続の最長期間の制限，それらの制限に違反した場合の法的効果など，労働契約の設定事由についての明確なルールを規定すべきであるとする見解がある。労働契約法制研究委員会報告書「労働契約法試案——ワークルールの確認とさらなる充実を求めて——」財団法人連合総合生活開発研究所（2005年）55頁以下。有期雇用の締結事由の制限を提唱する見解としては他にも，唐津・前掲注6）13頁，川口美貴「2003年労基法改正と検討課題」季刊・労働者の権利（2003年）11頁，島田・前掲注6）12頁，などがある。
22) 和田肇「パートタイム労働」『労働法の争点〔第3版〕』（有斐閣，2004年）267頁。

定して論じることにする。

1 従来の議論状況

パートタイム労働者と正社員の均等待遇をめぐっては、従来から労使の見解が激しく対立している。一方は、パートタイム労働者と正社員の均等待遇の立法化に強く反対して、指針や労使自治に委ねる立場に立っており、他方は、パートタイム労働者と正社員の均等待遇をめぐる立法論・解釈論を展開してきた。[23] 現行法上は、短時間労働者の雇用管理の改善等に関する法律(パートタイム労働法)3条に、使用者の均衡処遇の努力義務が規定され、また、同条に関する行政指針(「事業主が講ずべき短時間労働者の雇用管理の改善等のための措置に関する指針」)が何度か示されており、基本的には労使自治に委ねる立場をとっている。しかし、賃金等労働条件格差は改善されるどころか、むしろ拡大する傾向にある。その意味では、指針による行政指導型の政策は十分機能しているとは言えず、パートタイム労働者と正社員の均等待遇実現のための法律上の規定は急務の課題となっている。

2 雇用形態差別に対する立法的規制

そこで、まず検討すべきは、このような立法的規制をどのように正当化するのか、すなわち契約規制の根拠をどこに求めるか、である。契約規制に関する最近の民法の議論状況を概観すると、①契約正義に規制の根拠を求める説、②人々が生きている共同体の内在的規範によって契約に対する規制が要請されるとする説、さらに、③権利や自由の保護にその根拠を求める説などが主張され、議論が深められている。[24] また、労働法学においても、このような民法の領域で

---

23) 浅倉むつ子『労働とジェンダーの法律学』(有斐閣、2000年)、菅野和夫・諏訪康雄「パートタイム労働と均等待遇原則」北村一郎編『現代ヨーロッパ法の展望』(東京大学出版会、1998年)、土田道夫「パートタイム労働と『均衡の理念』」民商法雑誌119巻4・5号(1999年)、西谷敏「パート労働者の均等待遇をめぐる法政策」日本労働研究雑誌518号(2003年)、水町勇一郎『パートタイム労働の法律政策』(有斐閣、1997年)、山田省三「パートタイム労働者と均等待遇原則」日本労働法学会誌90号(1997年)、和田肇「雇用形態の多様化と均等処遇」法時75巻5号(2003年)などがある。

の議論を踏まえて，①経済的合理性よりは契約正義を強調して「合理性のない差別の禁止」を立法化すべきであるとする見解や[25]，②自由な自己決定を確保するために契約を規制する必要があるとする注目すべき学説が主張されている[26]。

　この点，丸子警報器事件判決（長野地上田支部判平成8・3・15労判690号32頁）は，「差別禁止規定……の根底には，およそ人はその労働に対して等しく報われなければならないという均等待遇の原則が存在し」，それは「人格の価値を平等と見る市民法の普遍的な原理」であると判断している。この判示部分は，人間社会には何人も否定できない普遍的な価値があるという自然法論の考え方を前提としており，契約自由もそのような客観的な正しさを体現した価値，つまり契約正義に従わなければならず，したがって，それに反する契約の効力は否定すべきであって，契約正義の内容を実現する方向で規制を行うべきであると考える。

　以上のような契約規制の根拠をめぐる学説・判例の議論を受けて，筆者は，均等待遇に関する立法的規制として，①合理的な理由のない差別を禁止する「一般的な平等取扱い原則」だけでなく，②有期契約を理由とする合理的な理由のない差別を禁止する「特別な均等待遇原則」が必要であると考える[27]。なぜなら，このような雇用形態差別は，国籍・人種・思想信条・性別による「社会的差別」とは異なり，身分的雇用管理の手段となっていることや，「合理的理由」の内容を具体化するためには，雇用差別一般の問題としてではなく，有期契約労働者と正社員との均等待遇の問題として議論する必要があるからである。そして，合理的な理由のない差別に対する法的救済としては，これまで不法行為による損害賠償と差額賃金請求が認められてきたが，立法化に際しては，均等（平等）な処遇を受ける権利を有することを明確にしておくことにより，差別に合理性がない場合には，労働者が差別のない均等（平等）な取扱いを求

---

24)　大村敦志『公序良俗と契約正義』（有斐閣，1995年），山本敬三『公序良俗論の再検討』（有斐閣，2000年），内田貴『契約の時代』（岩波書店，2000年）。
25)　和田・前掲注22）269頁。
26)　西谷・前掲注19）書。
27)　この点，最終報告書は，労働契約法においては「雇用形態にかかわらず，その就業実態に応じた均等待遇が図られるべきこと」を明らかにすることが適当であるとしている。

シンポジウム（報告④）

めることができるようにすべきである。

これに対して，均等待遇あるいは平等原則の立法化は，企業労使の自主的決定を妨げるものであるとの批判もありえよう。しかし，前掲丸子警報器事件の事案にみられるように，正社員と同一（同等）の仕事をしているにもかかわらず，著しい賃金格差が生じているという点にパート問題の中心的な争点があるのであって，上記のような規定において異なる者に同等の処遇をすべきと言っているわけではない。職務や能力の差異に関しては，客観的な職務分析の手続によって解決していけばよいはずである[28]。

問題は，「合理的な理由」とは何かという点である。これまで，労働内容の基本的要素である労働の量（所定労働時間の長さ）と質（職務内容，要求される職業能力・資格）に加え，義務や責任，労働時間設定の自由度，企業貢献度などを補足的要素として考慮する見解が主張されてきた[29]。このうち義務や責任・企業貢献度は企業にとって重要な判断要素であることは言うまでもないが，このような定量化できない要素について労働者側が立証することは困難であるといわざるを得ない。したがって，労働者は，差別が存在することが推定される事実を立証すれば，「合理的理由」の証明責任は使用者が負うと解するべきであり，均等待遇を立法化するメリットは，まさにこの点にあるといえる。

また，何を「合理的理由」とするかを考えるにあたっては，報告書の中に頻繁に登場する「公正さ」とは何かということを考える必要がある。公正であるということは，労使当事者が実質的に対等の立場で，相互に受け入れることのできるルールを提案しあえるような諸原理を満たしている場合をいう[30]。したがって，雇用形態差別に対しても，有期契約労働者も含めて労使が自主的に決定できる仕組みを整備し，そこで決められた労働条件であれば，いちおうの「合理的な理由」を推定することができると考えるべきである。

---

28) 田端博邦「労働市場の女性化と労働法」『講座21世紀の労働法第1巻』（有斐閣，2000年）124頁。
29) 水町・前掲注23) 書。
30) ジョン・ロールズ／田中成明編訳『公正としての正義』（木鐸社，1991年）223頁。

3 柔軟な雇用システムの必要性と格差是正に向けた立法的規整

　以上のような均等待遇の立法化のほかに，柔軟な雇用システムの確立と格差是正に向けた立法的規整について若干触れておく。

　均等待遇原則の内容を具体化し，実効性を確保するためには，正社員と非正社員を経営上の都合に応じて使い分ける現状のあり方を見直し，両者の垣根を低くするべきである。企業は競争力強化のために非正社員を積極的に活用するが，それは同時に，非正社員の能力を高め，労働意欲の維持・向上を図らねばならないことを意味している。これまでのように正社員と非正社員を分離して管理し，非正社員の処遇を正社員に比べて低くするという「分離型」の人事管理は改革を迫られることになろう。

　雇用形態を理由とする格差是正のためには，正規か非正規か，あるいは期間の定めがあるか否かによる区分を取り除き，仕事の内容やキャリアの実態に則して雇用管理区分を設定することが必要であり，そのためには，公正かつ透明な職務評価制度とそれに基づく客観的な雇用管理区分が不可欠である。また，有期契約から無期契約への転換，あるいはパートタイム労働とフルタイム労働の相互転換を容易にすることによって正規・非正規の区分を取り除くことは，両者の格差是正につながる上，実質的な均等待遇の近道になると考える。その意味では，均等待遇規制を支える手段として，このような格差是正に向けた立法的規制も同時に検討する必要があるだろう。

V　報告書の考え方と評価

　本稿では，正規も非正規も同一の規整原則の下に置くためのルールを設定する必要があるとの立場から，有期労働契約法制について検討してきた。これに対して，有期労働契約に対する報告書の基本的立場は，就業形態の多様化や経営環境の変化に対応した労使の選択を阻害しないようにすることを前提として，基本的に過度の規制を加えず最低限の条件整備を行うという点にある。そこで本章では，これまでの検討を踏まえながら，報告書を批判的に検討し，有期労働契約法制の課題を提示する。

シンポジウム（報告④）

1 有期労働契約の締結，更新および雇止めに対する手続規制と問題点

　まず，報告書は，労働契約に関する手続について，第一に，契約期間の書面による明示を義務付け，明示しなければ期間の定めのない契約であるとみなすこと，第二に，有期契約労働者が年次有給休暇などの正当な権利を行使したことを理由とする雇止めはできないこととすること，第三に，平成15年労基法改正に際して策定された「有期労働契約の締結，更新・雇止めに関する基準」（平15・10・22厚労告357号，平成16年1月1日施行，以下「告示第357号」という）に示された手続を使用者が履行したことを雇止めの有効性判断に当たって考慮要素とするのが適切であるとしている。

　ここでの最大の問題は，第三の手続規制である。前掲東芝柳町最高裁判決以降積み重ねられてきた雇止めをめぐる判例法理は，当該雇用の臨時性・常用性，更新の回数，雇用の通算期間，契約期間管理の状況，雇用継続の期待をもたせる言動・制度の更新の有無など，様々な要素を総合考慮して判断してきた。しかし，報告書が提案するように，それら要素のうち使用者が一定の手続を履行していることを雇止めの有力な判断要素にすると，雇止めの有効性は基準の定める手続を履行することによって比較的容易に認められることになるのではないだろうか。もちろん，筆者も，使用者に手続の履行を求めることをいささかも否定するつもりはないが，それは一つの方法でありえたとしても，それで十分というわけではないはずである。

　また，このような手続規制のみで，予測可能性が低い雇止めの判例法理の適用実務に対応できるのか疑問である。告示第357号は，労働契約締結時に契約更新の有無を明示することとしているが，例えば，契約では「更新有」と明示しながら結果的に更新しなかった場合や，「更新無」としながら実際には更新を繰り返す場合，さらに，「更新有」としながら反復更新を繰り返し，最後の契約のみ更新なしとした場合をどのように考えるのだろうか。更新の有無の明示があくまでも「更新可能性」の明示に過ぎない以上，手続の履行に委ねるだけでは不十分といわざるを得ない。

　以上のような問題を踏まえると，有期労働契約の締結，更新および雇止めの問題を手続規制によって抜本的に解決することはできないであろう。前述した

ように，有期労働契約が解雇規制を潜脱する方法として利用・拡大してきたことを直視して，有期労働契約の適法性を検討するところにこの問題の出発点を見出すべきであると考える。

2 試行雇用契約

最後に，試行雇用契約について若干検討しておきたい。

(1) 報告書の考え方と問題点

報告書は，まず，神戸弘陵学園事件判決（最高裁第三小法廷平2・6・15民集44巻4号668頁）が示されたことから，有期労働契約によって試用の機能を果たさせることがやりにくくなっているとの問題を指摘した上で，試用期間（すなわち試用期間付労働契約）と試用を目的とする有期労働契約（すなわち試行雇用契約）の区別を明確にすることを提案している。

しかしながら，以上のような報告書の考えに対しては若干の疑問を感じざるを得ない。第一に，雇用政策上の試行雇用契約と試用を目的とする有期労働契約を混同して議論しているのではないかと思われること，第二に，試用を目的とする有期労働契約とその他の有期労働契約の整合性に問題があること，第三に，長期の試行雇用契約は，人身拘束の弊害を排除するという本来の労基法14条の趣旨に反することになるのではないかということ，第四に，安易な試用によって，労働者は試行雇用期間中の就労による他企業への就労の機会喪失という不利益を一方的に甘受しなければならなくなるという点である。

このような問題は，報告書が試行雇用契約の概念を明確に定義づけていないことによるものではないかと思われる。そこでまずは，試行雇用契約の概念を定義し，試用を目的とする有期労働契約との関係を明らかにした上で，試用を目的とする有期労働契約のルール設定について検討したい。

(2) 概念の確定

現在，試行雇用（あるいは試行就業）と呼ばれるものとしては，政府が雇用対策の一環として行っている「トライアル雇用」がある[31]。トライアル雇用制度の

---

[31] トライアル雇用については，藤原稔弘「トライアル雇用制度について――ドイツの制度との比較を中心に――」『市民社会の変容と労働法』（信山社，2005年）333頁以下を参照。

目的は，ハローワークが紹介する対象労働者を短期間（原則として3ヶ月間）試行的に雇用し，その間，企業と労働者が相互の理解を深め，その後の常用雇用への移行や雇用のきっかけを作ることである。そのため，トライアル雇用は，対象労働者および事業主の要件が決められており，また，トライアル雇用期間中の労使の権利義務および労働者の処遇が明確に記載されるなど，制度が整っている。トライアル雇用の実施は，事業所に本採用を義務付けるものではないが，事業主は，常用雇用への移行を前提としたものであることを理解し，できる限り常用雇用へ移行するよう努力しなければならない。

これに対して，報告書が提案する「試行雇用契約」は，試用を目的とする有期労働契約を利用して，労働者の適性や業務遂行能力などを見極めた上で，本採用するか否かを決めるものである。両者は，適性や業務遂行能力を見極めるための期間という点において同一の目的を有するものであるが，対象労働者および事業主に限定はなく，また，雇用期間中の労使の権利義務および労働者の処遇については明らかになっていないため，使い方によっては，常用雇用への移行というよりむしろ，有期契約労働者の大量採用と労働者を選抜する方法として機能する危険性がある。

報告書は，「試用を目的とする有期労働契約（＝試行雇用契約）」と表記しているため，両者は同一のものであるかのように見える。しかし，上記のような制度の違いを見ると，雇用政策上のトライアル雇用と試用を目的とする有期労働契約は明確に定義付けて議論すべきであると考える。

(3) 試用を目的とする有期労働契約のルール設定

問題は，有期労働契約の締結には「合理的な理由が必要である」とする本稿の立場に立つと，試用を目的とする有期労働契約を一般労働者に認めることは整合性をもつのか，あるいは，整合性をもつとされるのはどのような場合か，である。この点，例えば，トライアル雇用のように，労使が1対1の立場で常用雇用への移行を目的としているような場合には整合性をもつと考えられるが，試用と称して労働者を選抜する方法として用いられるような場合には整合性がないといえよう。

仮に整合性があるとした場合，試用を目的とする有期労働契約は，その目的

ゆえに，一定のルールが求められることになる。具体的には，第一に，契約当事者間において，当該有期契約が試用目的であることを明らかにしておくこと，第二に，試用を目的とする有期労働契約は，試用（実験）の必要のある，あるいは試用（実験）に適した職業能力・適性の判断に限定されるべきであり，また，適格性判断に必要な期間を設定しておく必要があること[32]，第三に，あらかじめ労働者に対して試用の趣旨・目的に沿った適否の客観的・合理的な判断基準を示しておくこと，第四に，試用を目的とする有期労働契約は，期間経過後の雇用関係の展開を予定・期待される契約であることから，労働者の雇用継続への期待が強く働くことを考慮して，そのような労働者の雇用継続への期待に反して本採用拒否（＝雇止め）をする使用者に対しては，試用の適否の合理的・客観的基準とその公正な判断が強く求められることになるとすること，第五に，労働者を試用的に雇用した評価者である使用者の義務として，試用期間終了時に評価の結果を労働者に明示・説明すること等が必要であると考える。

(4) その他の類似契約との関係

以上に加え，試用を目的とする有期労働契約はこれまでの紹介予定派遣やトライアル雇用に類似するものであることから，それらとの整合性を考える必要がある。例えば，紹介予定派遣の期間は一般的に設定されている試用期間の上限期間6ヶ月に合わせたものであり，また，国が奨励金を出す試行雇用（トライアル雇用）は3ヶ月の期間が設けられている。労基法14条の趣旨が長期の人身拘束を制限するものである以上，試用を目的とする有期労働契約の期間は適格性判断に必要な期間に限定されるべきである。また，紹介予定派遣においては，採用予定期間が試用期間の役目を果たしていると考えられていることから，派遣期間が終了し，派遣先企業に採用された場合には，改めて試用期間は設定できないとされている。この点は試用を目的とする有期労働契約についても同様に考えるべきである。

---

[32] 毛塚勝利「採用内定・試用期間」現代労働法講座10巻『労働契約・就業規則』（総合労働研究所，1982年）104頁，北沢貞夫・石塚章夫「試用労働者とその解釈基準」法時43巻5号（1971年）64頁。

VI おわりに

　本稿では，一貫して，正規・非正規の区別を超えて，両者を同一の規整原理のもとにおくための公序設定の必要性を論じてきた。このような立場から従来判例によって確立されてきた有期労働契約法理の問題点を検討した結果，以下の二つの結論を導き出すことができる。

　第一に，有期労働契約の雇用保障的側面に関しては，反復更新法理だけではなく，解雇制限法理と整合性をもつ形での議論が可能であること，具体的には労基法18条の2の趣旨に反する有期労働契約の締結は脱法行為であり，したがって有期労働契約の締結には，「客観的に合理的な理由」が必要である。

　第二に，有期労働契約の公正な契約内容の形成に関しては，有期契約であることを理由とする合理性のない差別の禁止と，格差（差別）に合理性が認められない場合の均等（平等）な処遇を受ける権利を有することを立法化すべきである。そしてこのような均等待遇を支える手段として，公正な職務評価制度やパートとフルタイムの相互転換制度などが重要であり，これは，正規・非正規を超えた新たな公序に向けた取り組みのひとつである。

　最終報告書は，紛争の予防および解決のための透明かつ明確なルールの構築を求める立場から，手続規制を重視するあまり，本稿で論じたよう新たな公序設定という観点は希薄であるように思われる。今後の労働契約法制定に向けた議論においては，そのような観点を踏まえた検討を期待したい。

（かわだ　ともこ）

労働契約内容の特定と変更の法理
――就業規則による労働契約コントロールの構造――

野 川 　 忍

（東京学芸大学）

序――本稿の課題

　本稿は，労働契約法制定の展望を踏まえて，労働契約の契約としての特質と課題を検討対象とし，特にその内容の特定と変更という側面を，就業規則による労働契約コントロールの構造という視点に立った上で解明することを課題としている。また併せて，2005年9月に公表された厚労省「今後の労働契約法制の在り方に関する研究会報告書」（以下「報告書」）に示された具体的な労働契約法の提案について，就業規則法制の在り方という観点からその意義と課題とを明らかにしたい。さらに，就業規則そのものの課題とは若干異なるが，関連する論点として，上記報告書において提起された労働契約法上の「労使委員会制度」および「雇用継続型契約変更制度」についても触れることとする。[1]

I　問題の所在

　周知のように，就業規則規定が労働者に拘束力を有する根拠として，最高裁はおおむね三つの見解を提示してきた。一つは言うまでもなく秋北事件バス大法廷判決（最大判昭43・12・25民集22巻13号3459頁）であり，新設された55歳定年制規定につき，最高裁は，労働条件は就業規則によるとの事実たる慣習の存在

---

[1] 本報告書にもとづく労働政策審議会労働条件部会の審議は，報告書をベースとしないとの合意を形成したが，報告書の内容そのものについては，なお検討の余地があり，特に労使委員会制度，雇用継続型契約変更制度，解雇の金銭解決制度は十分な検討が必要である。

を指摘して拘束力を容認した。しかし，周知のとおりこの考え方はその後の最高裁判決には全く踏襲されていない。二つ目に，秋北バス事件大法廷判決は，上記事実たる慣習を法的拘束力の要件として認めるにあたって，「それが合理的な労働条件を定めているものである限り」との限定を付していたが，これを受けて帯広電報電話局事件（最一小判昭61・3・13労判470号6頁）と日立製作所事件（最一小判平3・11・28民集45巻8号1275頁）とは，前者は健康診断受診義務，後者は時間外労働義務と労働者の義務は異なるが，いずれもそのような義務を発生させる使用者の業務命令権が就業規則規定に基礎付けられていることの理由付けとして，当該業務命令の発生根拠たる就業規則規定は合理的であって労働者には業務命令に従う労働契約上の義務があることを示している。ここでは，適法な就業規則が存在していることのほか，合理性以外の要件を問題としていない。この二つの判決により，最高裁は合理性を要件として就業規則規定が労働契約の内容になることを一般的に認めるという態度を定着させるかのように思われたが，2003年に出されたフジ興産事件判決（最一小判平15・10・10労判861号5頁）では，就業規則上の懲戒規定につき，周知手続がとられていない就業規則は法的規範性を欠くとしてその効力が否定され，労働契約と当該就業規則規定との関係については触れられていなかったため，さまざまな解釈の余地を生じせしめた。しかもその後，東京地裁は，イセキ開発工機事件（東京地判平15・12・12労判869号35頁）において，就業規則の変更による降格と賃金減額の事案につき，傍論ではあるが，周知義務がとられていることを法的規範性を認める根拠としてあげている。このように，現在は再び，就業規則の拘束力および労働契約との関係についての精力的な検討が求められる状況にあるといえよう。

　また，就業規則の改訂によって労働条件の変更が試みられた場合に，これに同意しない労働者に対してはどのような法的効果が及ぶのかという問題についても，最高裁は必ずしもゆるぎのない一貫した態度を示しているわけではない。すなわち，前述の秋北バス大法廷判決で最高裁は，労働者にとって不利益な内容に変更された就業規則も，それが合理的なものと認められれば不同意労働者もその適用を免れないと判示し，その後の最高裁判決は，この合理性判断の具

体化に努力してきた[2]。そして，一つの到達点と目された第四銀行事件（最二小判平9・2・28民集51巻2号705頁）では，最高裁は，約90％の労働者を組織する労働組合が当該変更就業規則について使用者と交渉を重ね，労働協約まで締結したという事案において，そこでは労使の利益調整がなされているとして変更規定の合理性が推測されることを示し，多数組合の同意という要素が，変更就業規則規定の合理性について予見可能性の高い重要な要素としてクローズアップされたのである[3]。ところが，第四銀行事件判決からわずか3年後に出されたみちのく銀行事件（最一小判平12・9・7民集54巻7号2075頁）では，73％を組織する労働組合との合意は，合理性の判断に当たって重要な要素ではないとされたため，これまた最高裁による判例法理の解釈に多くの憶測を呼ぶこととなった。さらに，労働条件の多くが就業規則に規定され，なかんずく労働契約内容となっているとするならば，それを不利益に変更する就業規則規定が不同意労働者にも適用されるとはどのような意味なのかについても，最高裁は明確な判断を示していない。日本において，労働契約内容の変更という重要な課題を中心的に担っている就業規則の変更法理も，いまだ混沌とした実情にあるといえるのである。

　他方，「報告書」においては，就業規則の拘束力の根拠について，労働条件は就業規則によるとの合意があったことを推定するとの規定が提案されている。そしてこの推定は合理性がない場合に覆されるというのであるが，その趣旨は明確ではない。一例をあげれば就業規則は，労働契約が締結されるごとに作成されるわけではなく，労働契約が締結され，就労が開始されたあとではじめて作成される場合もありうる。そのような場合も合意の推定が働くとすることは，

---

2) 合理性の中身は，それが賃金・退職金である場合は高度の必要性にもとづく合理性を必要とすること（大曲市農協事件・最三小判昭63・2・16民集42巻2号60頁），多数労働者を組織する労働組合がある場合にはその同意の存否が重視されること（第一小型ハイヤー事件・最二小判平4・7・13労判630号6頁），そして合理性を判断する要素としては，労働者の不利益の内容・程度や使用者の必要性の程度，代償措置，一般社会の動向など幅広い項目が総合考慮の対象となるとされる（タケダシステム事件・最二小判昭58・11・25労判418号21頁）など，徐々に複雑化していった。

3) 菅野和夫「就業規則変更と労使交渉――判例法理の発展のために」（労働判例718号6頁以下）。

推定の機能をあまりにも拡大することとなり、法的安定性を害するおそれなしとしない。また、報告書は就業規則の改訂による労働条件不利益変更について、労使委員会における5分の4以上の賛成による決議があれば変更の合理性を認めるという仕組みを提案している。しかし、これもこのような強力な機能を付与される労使委員会の法的性格について後述のように懸念される点が多く、ただちに是認することは出来ない。

このように、就業規則と労働契約との関係に関する現在の判例法理はむしろゆらぎを強めている印象が強く、これを克服すべき「報告書」の提案も、必ずしも全面的に是認し得ないとすれば、まず必要とされるのは、そもそも労働契約の内容はいかにして確定されるのか、その確定のプロセスにおいて就業規則はどのように機能するのかという点の検討であろう。

II 労働契約内容の特定の構造

1 労働契約と就業規則の関係

(1) 日本の労働契約の特質

まず、労働契約の一般的類型を想定した上で、その基本的構造と契約内容の性格を概観すると、普及している見解では、労働契約は時間的にも空間的にも非固定性と可変性が強く、弾力性や白地性を基本的性格とすることが指摘されている。[4] いわゆる長期雇用を目的とした正規従業員の契約形態の主たる類型である。そこで労働条件についても、当初の合意内容が原則として維持されるという認識を両当事者が有しているとは認めがたく、おのずから可変性が前提とされているとの見方が共有されていたといえる。

つまり、労働契約も契約である以上、その成立は合意により、その内容も合意によって確定されるとの原則は変わらないはずであるが、労働契約が非固定的であり、可変性が原則的に承認されているという趣旨は、さまざまな労働条件だけでなく、本来個別の合意により確定され、変更されるべき契約の基本形

---

4) 菅野和夫『労働法 第七版』(弘文堂、2005年) 64頁。

態（契約の当事者，期間の定めの有無，契約上の地位等）自体も，必ずしも明確に契約上の合意によってはいないということを意味する。むしろ日本においては，賃金や労務給付の形態までをも含めた労働契約内容の全体が，包括的に就業規則に規定され，これを土台として現実の労働関係が展開しているという実態があるため，労働契約の基本要素も，また具体的労働条件も，それが就業規則に記載されていれば包括的に，合理性の基準を通して労働契約内容となるという認識が一般化しやすかったといえる。すなわち，日本において就業規則が労働契約の内容となるという法理が必要とされたのは，可変性と不確定性を基本的性格とする日本の労働契約の特徴にその遠因があるといえよう。

(2) 就業規則の労働契約化の構造

(a) 判例法理の捉え方　このように，日本における労働契約内容の特定ツールとして就業規則の機能が中心となるというのが実態であることは明らかであるが，いかなる根拠と要件によって就業規則の規定が労働契約の内容になるのかについては，いまだ一致した見解はない。かつて学説は，就業規則の規範性を承認しつつ，その法的根拠についてはさまざまな見解が主張されていた。[5] そしてそこでの課題は，就業規則の規範性の根拠をさぐることであって，就業規則が労働契約の内容となるという考え方は，その解答の一つに過ぎなかったのである。だからこそ，秋北バス事件大法廷判決が「合理性」を要件として「労働条件は就業規則によるという事実たる慣習」の存在を指摘し，これを法的規範と認めた折には，その意味についてさまざまな解釈が提示されたのである。その中で，後の議論をリードすることとなった定型契約説は，大法廷判決の意図を生かそうとする試みであり，その後出された前記帯広電報電話局事件と日立製作所事件は，この見解に触発されたものとの指摘もされている。[6] しかし，両判決の特徴は，第一に事実たる慣習という秋北バス大法廷判決の論理構成をとっていないこと，第二に，いずれも業務命令に関する就業規則規定を対

---

5) 就業規則の法的性格について膨大な研究の蓄積があることは周知のとおりであるが，さしあたり大内伸哉『就業規則から見た労働法』（日本法令，2004年），野田進「就業規則（文献研究65）」（季労166号149頁以下）参照。
6) 荒木尚志『雇用システムと労働条件変更法理』（有斐閣，2001年）245頁以下。

シンポジウム（報告⑤）

象としている点である。すなわち，秋北バス判決においては就業規則の労働条件事項について包括的に事実たる慣習を理由として労働契約の内容となるとの解釈が可能であったが，両判決は合理性という要件に比重を置いて，そもそも対象となった業務命令事項がなぜ労働契約の内容となるのかの根拠は示していない。さらに，賃金や労働時間など一般的な労働条件そのものについては，なお秋北バス判決の事実たる慣習論が生きているのか，実質的には異なる観点から労働契約の内容となると考えられているのかはいまだ不明であるといわざるを得ない。加えて，定型契約説の定着に一石を投じることとなったフジ興産事件では，最高裁は，周知手続をとることが就業規則が法的規範と認められるための要件であることを明言しており，最高裁の判断基準はいっそう不明確性を増すこととなった[7]。ただこの点については，おそらく最高裁は，フジ興産事件については懲戒規定の効力が問題となったことにかんがみ，国鉄札幌運転区事件判決（最一小判昭54・10・30）との平仄をはかったものと思われる。すなわち，右判決は，周知のように懲戒権を使用者の経営権から派生する基本的権利として位置づけ，労働者は規則の定めるところにより懲戒されうるとしている。そこでフジ興産事件においても，これを踏まえて，規則に定められた懲戒規定の発動要件を強化したものと解することが可能である。他方で，仮にこのように解釈できるとしても，就業規則規定が労働契約の内容になることによって拘束力を有することと矛盾するわけではない。最高裁は，その点を踏まえた上で，特に懲戒規定について付加されるべき要件を強調したに過ぎないと解すべきであろう。結局，現在の判例法理の状況は，定型契約説のいっそうの精緻化を要請しているものと考えられるのである。

(b) 就業規則事項の労働契約への取り入れ法理　就業規則が労働契約の内容になるメカニズムについては，言うまでもなく，民法学において盛んに議論されてきた約款法理が一つのモデルとなる。仮に就業規則を約款類似の定型契約であるとすれば，それが個別労働契約にいかに取り込まれるのかという議論

---

7) フジ興産事件最高裁判決の評釈は枚挙に暇がないが，特に就業規則の規範性について重点を置いたものとして，矢野昌浩・労旬1586号34頁以下，和田肇・ジュリスト1271号116頁以下，長谷川聡・労働法学研究会報55巻14号36頁以下参照。

を看過することができないのは当然である。しかしながら、この点につき前記大法廷判決は、就業規則の存在さえ知らない労働者であっても当該就業規則規定に拘束される場合があることを明示しており、一般的な約款規制の手法とは明らかに異なる規制方式を想定しているように読める。また、その後の最高裁判決も、前記フジ興産事件判決までは、合理性以外の要件を課してはいない。したがって、最高裁は就業規則を単なる約款ではなく、継続的契約の典型である労働契約の特質にマッチした特殊な定型契約として捉えていたとの推測が可能である。おそらく、開示と内容の合理性を要件とする約款の労働契約への取り入れ法理は、そのままでは、就業規則が労働契約内容となりうる根拠と要件とはなりえないものといえよう。

2 労働契約内容の変更の構造

以上のような特質を有する日本の労働契約につき、現下の最重要問題の一つが労働条件の変更であるが、それは、主として就業規則の変更問題として論じられてきた。その内容を確認しておく。

(1) 問題の所在

日本においては、労働契約内容と見られる多くの労働条件が就業規則に記載され、かつ労働協約による労働条件コントロール機能が著しく低下している現状から、労働条件の変更はすなわち就業規則の変更であるといえる状況である。そして、それが賃金や退職金のような基本的な労働条件についても、また労働時間の構成や各種手当てなど周辺的な労働条件についても、ひとしなみに適用できる手法であると認識され、その規制は合理性の有無によるとのきわめて包括的な対応がなされてきた。もちろん、学説においては服務規律と義務付け条項とでは同じ就業規則規定であっても拘束力の根拠や範囲は異なりうることが提唱されていたが、それは判例法理に取り入れられてはいない[8]。日本においてこのような議論の構造になったのは、労働条件をはじめとする労働者に対する処遇が、賃金であれ労働時間であれ服務規律であれ、就業規則による一括取り

---

8) 有泉亨『労働基準法』(1963年、有斐閣) 191頁以下。

シンポジウム（報告⑤）

扱いとして実行されるという実態があるために，その変更も，本来個別労働者と使用者との間でなされるべき労働契約内容の変更であるという認識が浸透していない点にあるものと思われる。すなわち，就業規則規定は使用者の労働者に対する取り扱いの細目を定めたものであり，使用者の都合によって変更されるものであって，労基法90条の要件さえ満たせば労基法上の就業規則としての効力（93条の効力）は生じるので，あたかも変更内容もまた，当該就業規則の適用対象となる労働者にそのまま適用されるべきであるかのような認識が生じているのではないかと思われるのである。要するに，実際に就業規則規定を変更するにあたって，使用者は労働契約内容を変更したという意識がないし，労働者側も，自らが新しい規定の「適用」を受けるか受けないかという観点から問題とすることがあるものの，労働契約内容が変更されたという意識はない。さらに裁判所も，就業規則の改訂は労働条件の変更をもたらすことは認めても，それが契約内容の変更であるという理論構成をしないという状況が定着したのである[9]。このようにして，日本の労働契約変更法理は，あたかも使用者が有するところの，就業規則改訂という手段を用いた一方的変更権の規制をどうするか，という課題に帰着しているかのような様相を呈しているのである。

　この点につき，民法学においては，契約内容の一方的変更について基本的なツールであった事情変更の原則の緩和の試みが進んでいる。一例としては，神戸大の山本顕治教授，学習院大の石川博康教授らにより，従来非常にまれなケースとして想定されていた事情変更の判断それ自体を緩和しつつ，再交渉義務を課することで当事者の合意という契約変更の原則を踏まえた処理が模索されていることはよく知られている[10]。日本の就業規則変更法理は，従業員の多数を組織する労働組合の同意に，当該変更の合理性判断に関する一定の意義を付与しているが，これが民法学で検討されている再交渉義務論とどのように関連するかは今後の課題であろう。しかし少なくとも，再交渉義務論が想定している

---

9) 就業規則の改定や新設による労働条件の不利益変更を扱った最高裁判例は10件に余るが，一つとして労働契約内容の変更であると明言したものはない。
10) 山本顕治「契約交渉関係の法的構造についての一考察(1)～(3)」（民商100巻2，3，5号），石川博康「「再交渉義務論」の構造とその理論的基礎(1)，(2)」（法協118巻2，4号）。

ものが，一方的変更が契約の相手方の意向を反映させ，当事者意思を踏まえた結果として容認されるための要件としての再交渉義務であるとすれば，日本の就業規則変更法理における多数労働者の代表たる多数派組合の同意も，個々の労働者の，契約変更にかかる意思の反映として再検討する必要性を示唆しているものといえるように思われる。

(2) 変更手法の特殊性

(a) 集団的変更と個別的変更の意義——労働契約内容の性格　一方，これまでの労働条件変更法理に関する検討においては，労働契約内容の変更を集団的変更と個別的変更に区分し，集団的変更は就業規則もしくは労働協約によって，個別的変更は個別の合意もしくは変更解約告知等の手法によって実施するとの了解がある。しかし，考えてみると，確かに，服務規律や懲戒制度，あるいは事業所の操業時間に合わせた労働時間制度等はもとより集団的秩序を目的としたものであるから，その変更も集団的変更になじむといえようが，配転や出向などの人事異動，休職や教育訓練などの措置等は，それ自体は個別的であるが，集団を対象とした制度としても設定しうるという内容を有しており，両者の区別はもとより自明ではない。さらに，労働協約については確かに当該組合の所属組合員の労働契約内容をいっせいに変更するという意味で集団的であるが，就業規則の変更は，93条の適用内容がいっせいに変更されるという意味であるならば集団的変更であるものの，個々の従業員の労働契約内容が，常にそれでいっせいに変更されるわけではない。変更された就業規則規定が，ある労働者には拘束力を有し，ある労働者に有しないことがありうることは，最高裁も承認しているが[11]，それが労働契約内容それ自体の変更が相対的であることを示しているとすれば，就業規則による労働条件の変更も，少なくとも一律という意味での集団的変更とは言い切れないのである。

(b) 基本手段としての就業規則改定の包括性　ところが，日本では就業規則の改訂という手法により労働条件を変更することが一般化し，かつ就業規則

---

11) 前述みちのく銀行事件判決および朝日火災海上保険（高田）事件判決において最高裁が当該就業規則規定の拘束力を認めなかったのは，原告労働者のみであって他の労働者について変更規定が適用されることが前提となっている。

の記載事項が労働者の処遇のほとんどの領域を網羅しうるものとなっているため，変更の対象となりうる労働条件も広範に及び，それらを変更することが労働契約内容を変更することにつながるか否か，あるいはそもそも一律に変更しうる内容なのか否かも問わず，とにかく労働条件の変更は就業規則の改定によって行うことが原則であるかのような傾向が生じた。そのために，個々の労働契約がどのような内容に変更されうるのか，そのメカニズムはいかなるものか，というありうべき議論が成熟してこなかったように思われる。そしてこうした傾向が大きな齟齬をきたさなかったのは，合理性という判断基準が，まさにあらゆる労働条件の就業規則改訂を通した変更に対して包括的に適用され，それが一定の妥当な解決をもたらしてきたためである[12]。

しかし，このようにおよそ就業規則に記載された労働条件の変更がすべて合理性判断に流し込まれるとするならば，その合理性という基準は，労働契約内容の変更についても適用しうる明確な内容でなければなるまい。秋北バス事件大法廷判決以来の合理性基準は，再検討が不可欠であり，それは，労働契約内容の変更がいかにして就業規則の改訂を通して可能であるのかという視点によりなされる必要があるように思われる。

Ⅲ　就業規則の法的効力と不利益変更論

1　労働契約と就業規則の関係の再評価

(1)　4派13流から労働契約論へ

就業規則規定が法的規範となりうる根拠については，かつて4派13流と称された百家争鳴の状態から，現在は労働契約論の範疇へと議論の内容が移行しつつある。その大きな理由の一つは，変更解約告知をめぐる議論にも反映されているように，労働関係の個別化が進展し，個々の労働契約についてその成立・展開・終了および終了後の法律関係を整序する必要が強く認識されていること

---

12) 荒木尚志・前掲注6) 247頁以下，拙稿「労働契約と就業規則——不利益変更論を素材として」(中嶋士元也先生還暦記念論集『労働関係法の現代的展開』(信山社出版，2004年) 293頁以下)。

であろう。また，就業規則自体も，すでに一本の基本規則と多数の付属規定という形態である必要はなくなっており，一律に法規範であるとの見方が困難になりつつある点もあげられるように思われる。

(2) 秋北バス大法廷判決の「事実たる慣習」論の再評価

そこであらためて最高裁が構築してきた判例法理を再検討すると，前述のように秋北バス事件大法廷判決では，就業規則が当事者にとって法的規範となるための前提として，近代企業における労働条件の集合的処理の必要性と就業規則の社会規範としての機能を認め，その上で労働条件は就業規則によるという「事実たる慣習」を指摘していた。実は，大法廷判決が引用している民法92条については，現在では必ずしも事実たる慣習の根拠規定という意義は大きくないとされている[13]。しかし，大法廷判決の現代的意義は，就業規則が対象とする集団に一律に適用されねば意味がないという実態と，労働条件はあくまでも契約上の合意によって設定されるべきであるという原則との調整手法という点である。それを現代の表現で言い換えれば，制度として定着している就業規則規範（就業規則という形をとった諸規定の規範）を労働契約法理の中でオーソライズする手法の模索ということになろう。このように考えると，大法廷判決の事実たる慣習論がもたらした課題は現在でも十分に検討に値するものであり，労働契約法の制定を射程においた現在，具体的な個々の合意によらず，適用対象全体への規範性を確保し，かつ契約の原則に反しない論理が求められていることの証左といえよう。

この点については，秋北バス事件大法廷判決において就業規則が「画一的」な労働条件を形成する社会規範として機能していることが示され，かつそれが「法的規範」となることの根拠付けに使われた事実たる慣習論を，再度見直す必要があろう。つまり，就業規則というのは，原則として当該事業所に勤務する労働者すべてを対象とした「制度」を設定することが法で定められた機能である。したがって，就業規則が労働契約の内容となるという意味は，就業規則に記載された，たとえば「これこれの条件を満たした者にこれこれの額の精勤

---

[13] この点については山本敬三『民法講義Ⅰ総則 第2版』（有斐閣，2005年）128頁，内田貴『民法Ⅰ 第2版補訂版』（東京大学出版会，2000年）266頁参照。

手当を支給する」という条項が使用者と当該労働者の間の合意とみなされる，ということではなくて，当該労働者もそのような精勤手当制度の適用を受ける一員となる，という趣旨で労働契約の内容になっているということであろう。したがって，事業所の労働者全体（パートタイマーなど一部でもよいが，とにかく労働者の集団）を対象とした制度としての意味を持たない内容は，就業規則に記載されていても労働契約の内容になっているとはいえないのではないかと思われる。たとえば，「会社は正規従業員の地位を契約社員に変更することがある。従業員は正当な理由がなければこれに従わなければならない」というような規定は，個々の労働契約を対象とした再契約の予約のような内容であり，そもそも就業規則で一律に制度化できるようなものではない。要するに，そもそも労働契約となりうる就業規則規定が限定されるということに加え，就業規則に規定されていても，実際にその内容が当該労働者に示されているか，あるいは示されていなくても当該事業所の労働者の処遇がまさにその就業規則規定にしたがって行われていて，労働者もそれにしたがっているような場合でなければ，労働契約内容になる契機を欠いていることになろう。就業規則に配転条項があって，まさに当該事業所では日常的にそれにしたがって配転が行われ，各労働者とも自分も配転されることがあるということは理解しているという場合は，就業規則が制度であって当該事業所の労働者すべてを対象としているという了解があるのであるから，特段の事情がない限り，当然どの労働者も，自分もその配転制度の適用を受ける一員なのだということを了承していると見うるであろう。その場合には当該配転条項は労働契約の内容になっているといえる。しかし，同じ配転条項でも，先々代の社長が20年前に作成し，社内の掲示板の片隅に置いたままで，実際にはその後誰も見たことのない就業規則に記載されており，実はその後誰も配転されたことがないという零細企業で，いきなり現在の社長がその就業規則を引っ張り出してきて，それを根拠に配転命令を発しても，そのような就業規則規定は制度として機能しているとは言えないであろう。

　そして，合理性という基準は，就業規則が一般的に制度として労働契約内容となっていると言えるための規範的な制約原理であると考えることができる。つまり，当該就業規則規定が一般的に制度として機能していても，それが極端

にある一部の労働者だけに過酷な内容であったり，不当に労働者の利益を害するような場合には，労働契約内容となるだけの合理性がないということになるのである。

このように考えると，仮に就業規則が法的規範として機能する根拠が労働契約内容になることによってであるとするならば，労働条件を不利益に変更する就業規則の改定によって設定された新たな規定も，労働契約の内容になることによって法的規範性を確保すると考えるのが自然である。ところが最高裁判決は，これについては一度も新たな労働契約の内容となるとの判断を示してはいない。要するに，就業規則が法的効力を有するための要件と同様，不利益変更された就業規則規定が反対の意を表している労働者をも拘束する要件も，いまだ判例法理は十分に理解可能とはなっていないのである。

そうだとすれば，就業規則改定によって不利益変更された労働条件が労働契約とどのような関係を有するのかも，いまだ重要な論点となり続けているといえよう。

この点については，就業規則の改訂により変更された労働条件が新たに労働契約の内容になるとすれば，当該労働契約内容は労基法93条により就業規則によっては変更できなくなるという根拠が推測されている[14]。しかし，仮に当該労働条件がはじめから就業規則によって定立されている場合には，可変性そのものが労働契約上の合意内容となっているのであって，就業規則の改訂により新たに労働契約内容となった労働条件も，再び就業規則によって変更する余地は認められてしかるべきであろう。就業規則が存在する事業所にはじめて就労する労働者に，当該就業規則規定が法的規範となりうる根拠と，就労の後に就業規則によって新設された労働条件が法的規範となりうる根拠とは，時間的な前後関係があるだけであるから異なるものとなるのは説得力がない。

もっとも，労基法93条が，労働条件を就業規則によって不利益に変更すべきでないことの論拠として用いられ，いわゆる法的効力付与説を導いたことは記憶に新しい[15]。しかし，同条はまさに，労基法が特別に付与した就業規則の外

---

14) 根本到「労働条件の不利益変更をめぐる判例の傾向と理論的課題」（季労210号11頁以下）。
15) 西谷敏「就業規則」（片岡昇他著『新労働基準法論』（法律文化社，1982年）445頁以下）。

部規律的な効力として理解すべきであり，労働契約内容の変更の場合に直ちに機能するものと解することはできない。

2 私 見

この点につき筆者は，前述のように就業規則によって設定された制度の適用を受けるという意味で，当該就業規則規定が労働契約の内容となりうるとの立場であり，それは変更の場合も同様であると考えている。要するに，就業規則の諸規定が労働契約内容となっている場合には，将来の変更についても一定の範囲であらかじめ同意を与えていると見るべきであり，その範囲の基準は，制度としての合理性が確保される限界であると考えるのである。具体的には，当該変更就業規則規定の適用を受けることとなる従業員集団の大多数が，その必要性や影響について十分に理解したうえで同意を与えているならば，それは制度として合理的であることを示唆するものであり，労働者がこれを拒否することは原則としてできない。ただし，それも合理性の推測であり，極端に一部の労働者を不利益に取り扱うような内容であったり，公序に反するような内容である場合は推定を覆すことができるものと考えるのである。

ここで強調したいのは，従業員の多数を組織する労働組合の同意は，独立した手続ではなく，あくまでも労働契約上当該変更が同意されているかどうかを推認するための手段と考えるべきであるということである。したがって，就業規則改訂による労働条件変更の合理性を主張する使用者は，単に圧倒的多数を組織する組合の同意を得たことを主張するだけでは足りず，その同意確保のプロセスを含めて，合理的な制度変更といえることを立証しなければならないし，これに反対する労働者は，当該労働組合がみちのく銀行の場合の多数組合のように公正な代表性を有していないことをもって合理性を否定できる。また特に一部の労働者のみに極端な不利益を与えることを当初から目的としているなどの事情があればそれを立証して合理性の推定を覆すこともできると解するのである。

周知のように最高裁判決の積み重ねにより，就業規則の改訂による労働条件の不利益変更に当たっては，合理的な内容であれば不同意の労働者をも拘束す

るとの一般論を前提として（前掲秋北バス大法廷判決），賃金や退職金など重要な労働条件（労働契約の本体部分）については高度の必要性にもとづく合理的変更が求められ（大曲市農協事件・最三小判昭63・2・16労判512号7頁），また事業所の大多数を組織する労働組合の入念な交渉を通じた同意がある場合は変更後の規定の合理性が推測されるものの（前掲第四銀行事件最判），それが単なる多数決原理にもとづくものではない（前掲みちのく銀行事件最判）ことも示されている。これらの要件を前述の立場から再構成すれば，契約内容となっている就業規則規定を一方的に変更しても，それが労働者の了解しうる範囲のものでなければならないことを表現する概念として合理性が判断されるのであり，特に労働契約の本体である賃金や退職金については，労働契約の本体と，労働契約終了に係る本質的契約内容であることから，将来の変更に関する了解の範囲は著しく狭まるために高度の必要性が求められるのである。加えて，最高裁が示した合理性の判断要素のうち，最も注目されているのが多数組合の同意であることは間違いない。何よりもこれにより労使とも変更後の就業規則規定が不同意労働者にも適用されうるものか否かの予見が可能になるというメリットが大きいことがその理由である。そして，これについて，第四銀行事件判決とみちのく銀行事件判決との相違がとりざたされた。

　この判断についても見方が分かれており，第四銀行事件の考え方は，あまりにも極端な不利益を負わせるような就業規則の変更の場合には適用されないというのが大方の了解であるが，そうでないという見解も強い。この点は以下のように考えるべきであろう。

　みちのく銀行の場合の多数派組合は，実は若い世代の労働者ばかりで構成されていて，就業規則の変更により実際に不利益をこうむる立場の高齢者は，対立する少数派組合に結集していた。そのような場合には，多数派組合との合意は労働条件変更について合理性を持たない。いわば公正代表義務違反と評価しうる。しかし，ここからも見方は分かれており，それをまさにプロセス重視の観点から評価する立場と，労働契約内容の変更の観点から見る立場がある。筆者は後者の立場をとるものであり，そもそも就業規則が労働契約の内容になるのは，前述のように制度としての就業規則規定が適用される一員になることを

労働者が了解していると見うる場合である．そして，その場合の了解の内容は，合理的に検討すれば大多数の労働者が同意するであろうと想定されるような当該就業規則規定の変更についても，あらかじめ同意しているということが含まれると考えることができる．それがたとえ当該労働者個人にとっては実質的な不利益をもたらすものであっても同様である．

ところがこのように考えたとしてもさらに見解は分かれ得る．第一に，みちのく銀行の場合のように，あまりにも不公平の度合いが大きく，切り下げの内容も極端であるような場合は，そもそも従業員集団の意向の如何は問題とならないという考え方がありうる．これについては以下のように考えるべきであろう．すなわち，たとえ圧倒的多数の従業員が同意を表明しているという場合であっても，それはあくまでも合理性が推定されるにとどまるのであって，特定もしくは一部の労働者だけを不利益に陥れるような内容であって，みちのく銀行の場合のように，明らかに不利益を受ける人々がこぞって反対しているような場合については，制度としての合理性は失われ，その人たちに対する契約内容となることを認めることはできないのである．

本節の最後に，就業規則による労働条件変更に対する補充的な手段とみなしうる変更解約告知について若干の指摘をしておきたい．変更解約告知に関しては，スカンジナビア航空事件判決（東京地決平7・4・13労判675号13頁）がはじめてこの概念を導入して事案の処理を示して以来，学界と実務界の関心をにわかに高めたが，裁判所は大阪労働衛生センター第一病院事件（大阪地判平10・8・31労判751号38頁）においてこの概念を使わないと宣言し，その後も裁判所が正面から変更解約告知という概念を用いることを回避していることは周知のとおりである．

確かに，契約社員や専門職労働者の期限付き雇用など，人事権による企業の労働条件掌握が必ずしもなじまない雇用形態が増大している現状や，個別契約関係が重視されることで従業員集団に対する包括的な制度変更により労働条件の柔軟な変更を実現するという従来の手法がその役割を縮小しつつことを踏まえると，個別労働条件の変更手段として変更解約告知制度は検討に値する．しかし，周知のように日本ではドイツ解約告知保護法のように留保付受諾の制度

が存在せず，かえって民法528条により留保付承諾が労働契約関係の解消をもたらしてしまうこと，またドイツでは変更解約告知にあたって従業員代表機関である事業所委員会の広範な介入が要件として課されていることなどを考えると，いまだ変更解約告知制度を導入するには克服すべきかなりの制度上の障害があると考えざるを得ない。日本型の変更解約告知制度を本格的に検討するためには，何よりも困難な選択を迫られる労働者が自由な意思決定がなしうる実質を備えることが前提であり，労働組合もしくは従業員代表機関のこれに対する関与が制度上整備されてはじめて現実味を帯びることとなるように思われる。

IV 報告書の評価[16]

1 合意論の不在

報告書は，想定される労働契約法を「民法の特別法」と銘打ってはいるものの，合意論に対する目配りがなく，労働契約内容がいつ，どのようにして確定されるかという問題を論じていない。これは，報告書が契約法理について十分な検討をするのではなく，労働契約関係の適正化を，これまでのパート労働法や労働契約承継法などと同様多くの指針や通達を用いて実現しようとすることに主眼を置いているためであろう。しかし，合意論は労働契約法を制定する以上避けて通ることはできない。労働契約当初に勤務場所や職種を限定していないとしても，それが変更される旨がどこかで合意されていない限りは，原則としてその後の勤務形態によって当初の合意は補充されるはずである。そして，就業規則の規定の配転条項は，上述のように，配転制度について了解しているとの事実たる慣習が認められる場合にのみ（具体的には当該労働者と同等の労働者が日常的に配転に応じていることを認識しているなど），当該配転条項はある特定の労働者との間で労働契約の内容になっていると解すべきであろう。報告書は，民法不可触の原則に立っているために，これらの点に立ち入ることができなかったのではないかと思われる。

---

[16] 報告書の評価に関する筆者の所論については，拙稿「労働契約法の意義——雇用契約法の展望」（判例時報963号72頁以下）参照。

シンポジウム（報告⑤）

2　労使委員会の労働契約法上の機能
(1)　労働契約法上の労使委員会の意義

　報告書が提示する労使委員会の法的意義・機能は，労働基準法のそれとはかなり異なることに注目すべきであろう。すなわち，後者は，労働条件に関する課題を調査・審議して事業主に意見を申し述べるという基本的な役割に加え，いわゆる企画業務型の裁量労働制の導入をはじめとして，主として労働時間に関する労基法の規制を緩和し，あるいは別段のルールを設定するための機能を想定されているのに対し，前者は，労働契約にかかるルールの形成について一定の役割を付与されたものである。したがって，労働基準法上の労使委員会は，施行規則24条の2の4第1項によって，同法41条の2号に定められた管理・監督者が労働側委員に指名されることはできないことが明示されているし，個別労働契約内容をコントロールする機能は与えられていない。ところが労働契約法上の労使委員会における労働側委員は，労働契約上の労働者，つまり役員以外の企業の従業員すべての代表となるから，労基法上の管理・監督者でも委員となる資格を奪うことはできない。実際にも，管理・監督者について賃金・退職金等を切り下げるような就業規則変更は十分に考えられるから，すべての従業員が委員になる資格を有することは実益がある。そうすると，労働契約法上の労使委員会は労基法上の労使委員会とは別に設置しなければならないことになり，著しく煩瑣な結果を招くものと思われる。報告書は，労働契約法上の労使委員会にも労基法上の機能を果たさせようとしているが，これは法制度上不可能であろう。

(2)　労使委員会に付与された役割の法的意義

　報告書は，労使委員会に対し，就業規則改定による労働条件の不利益変更の場合に5分の4の賛成による決議があれば合理性が推定されるとの機能を付与することに加え，整理解雇における協議の対象としての地位を与え，さらには解雇の金銭解決に関する解決金の額などのルール設定の機能を果たす機関としての役割をも付与しているが，いずれもきわめて重要な問題であり，このような問題を左右する機能を労使委員会に付与するとすれば，その委員の属性や選出手続，あるいは決議に至る審議のプロセス等に，不利益をこうむる労働者に

その決定内容を是認させうるだけの公正さ・厳格さが要求されよう。そうすると，委員の選出手続の瑕疵や審議過程の不備は，どのような法的効果をもたらすのかもあらかじめ明示されていなければなないが，報告書からはそれがどのようなものになるのかは不明である。

さらに，労使委員会が労働組合と競合する場合には，不当労働行為の誘発という深刻な結果をもたらしかねない点も指摘したい。第一に，過半数組合が存在する事業所においても，使用者としては労使委員会のほうがコントロールしやすいことは明らかなので，場合によって過半数組合を切り崩し，過半数を割らせて労使委員会を結成し，所定の手続をとるであろう。この場合，たとえ組合切りくずしが不当労働行為と認定されても，労使委員会の決議を無効とすることは困難であろう。第二に，10%を組織する労働組合が，労使委員会が労働条件を不利益に変更しようとしていることに危機感を抱いて団交を要求しても，使用者はこれを無視して労使委員会決議を断行することが考えられる。たとえ後に団交拒否の不当労働行為を認定されても，労使委員会決議の有効性はそこまでは及ばないから，使用者としては団交要求を無視するほうが得策ということになる。このように，不当労働行為を誘発しかねない構造を，労使委員会制度は有している。集団的な労働契約の変更に従業員集団の意向を反映させることを考えるならば，やはり，常設の従業員代表機関を想定するのが自然の段取りであろう。

3　就業規則と労働契約との関係

報告書は，就業規則が労働契約内容となる根拠を意思の推定においているが，どのような要件が整えば意思が推定されるのか，言い換えれば意思が推定されない場合はどのようなものかが明確ではない。この点，約款法理では事前の開示と内容の相当性が契約内容となるための要件を形成すると解するのが通常であるが，就業規則についても，意思が推定される前提条件が提示されるべきであろう。また，合理性の要件は，就業規則が労働契約内容となる場面については，最高裁の具体的な判断要素が示されていない。報告書もまた，合理性をあらためて要件として提示するのであれば，その具体的要素をも提示すべきであ

シンポジウム（報告⑤）

ったように思われる。特に，開示については労基法106条の開示であることを示しているが，同条は刑罰規定であり，合意の推定に用いることは適切ではない。また，当該開示が労働契約締結後であってもよいとすれば契約の一般法理に反するおそれがあることはすでに指摘した。

報告書は，変更後の就業規則規定の拘束力の根拠を示していない。仮に労働契約内容となることによるのであれば，それを明示すべきであったし，そうでないならその根拠を改めて示すべきであろう。また，なぜ5分の4の決議があれば合理性が推定されるのか，手続要件なのか実体要件なのかについても理論的な根拠が示されていない。さらに，変更後の就業規則規定が，不同意の労働者に対しても有する拘束力とは具体的に何なのかもはっきりしていない。

4 雇用継続型契約変更制度の問題

雇用継続型契約変更制度についてわかりにくいのは，どのような場合に用いられるのか，その適用場面が確定されていないことである。すなわち，通常個別の労働契約を変更するという場合には，就業規則の変更によっては変更し得ない，その変更対象自体が個別に扱われるべきものである場合であることが想定される。職種を限定して締結された労働契約について，異なる職種に移動する場合などが典型であろう。しかし，報告書では，そのような個別労働条件あるいは個別労働契約内容の変更が中心的なものとして想定されていることは読み取れるものの，これに限定されるとまでは明言していない。そうすると，たとえば就業規則の改訂による変更が困難であると見られる場合にこの制度を用いたり，あるいは就業規則の改訂による変更が頓挫した場合にこの制度を用いて当初の変更目的を達成しようとするなどの措置を使用者がとることが考えられる。この点は，就業規則法理との関係が不明確であることからくる疑問であり，仮に両者が並立しうるとすれば，使用者は非常に強力な労働条件変更手段を手にすることとなろう。また，制度の具体化について示されている二つの提案は，ドイツの変更解約告知型と一方的変更権型に類別できようが，前者については，そもそもドイツの変更解約告知制度についてどのように理解されているのか疑問である。すなわち，ドイツでは，何よりもこの制度を用いて申し入

れることができる労働条件の変更は，それが実現し得ない場合の解雇が正当とみなされるようなごく限定された内容であることが前提とされている。また，確かに留保付受諾が法定されているものの，実際にそれが行使されるのはきわめてまれであり，労働者はむしろ解雇の効力を争う道を選択することなどの実態に加え，前述のとおり事業所委員会の強力な介入が要件として課されており，総じて，変更解約告知がそれほど使用者にとって使いやすいものではないことは周知のとおりである。この点，報告書が変更解約告知型の提案において想定している労働契約内容変更の申し入れは，使用者にとって変更が必要と思われるあらゆる内容が含まれると思われ，きわめて広範な権限を使用者に付与することとなる。また，そこで要件とされている協議については，それが当該労働者との個別の協議のみを意味するのか，労働組合などが代理することをも想定しているのか，またいかなる具体的な段取りが踏まれれば協議がなされたと判断されるのか，さらには協議が終了し，労働者に選択を迫ることができるという判断はどのような場合かなど，詰められねばならない論点が少なくない。次に一方的変更権については，労働条件の変更をスピーディーに確実に行うことを重視する観点からは有益であろうが，このような権利を創設するには，報告書自身も指摘するようにその前提として相応の手続・代償措置が不可欠であり，ドイツの事業所委員会による関与のような制度的担保が十分に見込まれるとはいえない日本の現状では，いまだ時期尚早といわざるを得ない。最後に，この制度について何よりも懸念を表せざるを得ないのは，この制度と解雇の金銭解決制度とが併用された場合の効果である。報告書は，使用者側からの申出による解雇の金銭解決制度を容認するにあたって，公序に反する解雇や，労働者が正当な権利を行使したことを理由とする解雇については使用者側からの申出による金銭解決は認めないと述べている。しかし，後者については，有給休暇の取得が例として挙げられているように，労基法等の実定法により明確に権利として認められたものを想定しているとみることができるので，雇用継続型契約変更制度において，労働者が使用者の労働条件変更の申出に対し留保つきの受

---

17) ドイツの変更解約告知制度の実情については，『諸外国における解雇のルールと紛争解決の実態』(JIL 資料シリーズ129) 第一章「ドイツ」(野川担当) 参照。

諾をしたことを理由とする解雇が，使用者側からの申出による金銭解決制度の適用対象となるのかどうかは判然としない。ただ，おそらく使用者側からの金銭解決の申出がなされる側としては，経営上の理由により人件費のコストダウンをはからねばならず，整理解雇も検討されうる状況の下で，労働条件の変更をそのまま受け入れた労働者のみを継続雇用しようとする場合が典型例として考えられるので，雇用継続型契約変更制度において留保付承諾をした労働者に対する解雇は，使用者にとっては最も金銭解決がなじむ制度と映るであろう。しかし，仮に留保付受諾をした労働者に対する解雇に使用者側からの申出による金銭解決が認められるとすれば，労働者側は変更申し入れを全面的に受諾する以外に雇用継続の道はないこととなり，労働条件切り下げが強制される結果を招くことにもなりかねない。この点について報告書が明確な判断を示していないことは疑問である。

V 結　語

労働契約は，一方当事者が自然人すなわち生身の個人でしかありえない特殊な契約であり，そのために本質的に不利な立場におかれる労働者側を保護し，あるいはその交渉力を高めるためにさまざまな実定法上の対応がなされてきた。今労働契約法が議論の対象となるに当たっても，労働契約の本質的特徴を踏まえ，労使の実質的対等が実現される仕組みが不可欠である。その要請が労働契約の内容の確定と変更についても前提となるとすれば，労働契約における均等待遇の原則や，合意の実質化を担保するためのさまざまな工夫も求められる。交渉力に格差がある契約類型に対する規制という点については，消費者契約法制定の過程でも豊富な議論が展開されているが，たとえば東北大の河上正二教授が，契約における自然人特有の脆弱さをも視野に入れるべきであることを主張されていることなどが参考になろう[18]。あるべき労働契約法をめぐる議論が，労働組合，使用者団体，政府厚労省などそれぞれの思惑を超えた適正なものと

---

18) 別冊 NBL 54号 7頁，同10頁。

なるよう期待したい。

　　　　　　　　　　　　　　　　　　（のがわ　しのぶ）

《シンポジウムの記録》
労働契約法の基本理論と政策課題

唐津博（司会＝南山大学） シンポジウムを始めさせていただきます。報告者4名がそれぞれ別領域の問題を論じておりますので、報告の順番で、討論を進めることにいたします。討論につきましては、ご質問をお受けするまえに、すでに質問用紙でいただいております質問にお答えすることから始めることとしますが、質問者の方で補足等がございましたら、随時、補足いただき、そのうえで報告者が回答するというように進めさせていただきます。

1　労働契約法の適用範囲

● 労働者概念と労働契約概念

最初は鎌田報告についての質問です。中央大学の近藤会員から、労働者概念の確定につき、労働契約概念の確定は必要と言えるかという、やや抽象的ですが、このような質問が出されていますので、まずは、この問題を取り上げることにいたします。近藤会員、補足等、ございますか。

近藤昭雄（中央大学） 抽象的な問題とおっしゃいましたが、趣旨は、前から私個人は大変疑問に思っていたのですが、労働者概念というのは、基本的には、法目的に即して議論されるべきことで、にもかかわらず、伝統的に労働力利用の関係が、雇用と請負と委任、このいずれに該当するかという、契約類型に関する峻別であって、しかるのちに労働契約関係だから労働者だという、こういうかたちで判断が展開されていることに、はたしてそれが意義があるかどうかというのは、最初からずっと疑問に思っていたことなのです。

現実に、労働契約形式をとってはいなくても、労働者と使用者の関係というもの、すなわち労働力利用の一定の形式や事業過程への組み込みの仕方ということでの労働者概念を認める理論構成の仕方があるのではないか。

ある意味、鎌田先生の今日のご報告は、伝統的な労働者概念、労働契約概念等に当てはまらない場合についても、労働者概念を拡大していこうというご趣旨だっただろうと思うのです。そして、その場合、従来のそのような判定の仕方を前提として、それに乗りながら、しかし、請負と労働契約との違いという観点から、労働契約と労働者概念をつなげてお考えになるという趣旨だったと思うのです。しかし、上のような観点から考えるとはたしてそれが必要なのだろうか、それで有効なものになるだろうかということに疑問を持っているということでお分かりいただけるでしょうか。

唐津（司会） はい、では鎌田さん、お願いします。

鎌田耕一（東洋大学） 労働者概念の確

定と労働契約概念についてのご質問がありました。

私は，労基法に定める労働者の概念は，基本的に，使用従属性という概念を中心としていると考えています。そして，労働者という概念が労基法の適用対象を決定すると思います。

しかし，労基法に「労働契約」という項目もあります。また，労働契約に関するさまざまな判例法理が構築されております。このような労基法に定めていないルールにあっては，判例ルールの適用範囲が問題になります。そこで，労基法上の労働契約とは，労基法上の労働者を一方当事者にする労務供給契約を労働契約というふうに考えております。そういう意味で，従来の労基法上の労働契約，あるいは労基法を踏まえた労働契約概念は，労働者概念に付属する二次的な概念ではなかろうかと思っています。

私がここで報告をいたしました趣旨は，このような労基法の考え方，労基法で定める労働者を中心にした労働契約概念のとらえ方をやめまして，労働契約そのものに着目して，いかなるのものが労働契約なのか，そういった観点から問題を考えてみたらどうかということであります。そして，これは，雇用，請負，委任等の他の契約類型との対比を不可欠とすることになります。

そう考えた場合，労働者概念の中心となっていた使用従属というのは，労働契約の必ずしも本質的要素ではないのではないか。こういうふうに考えて問題を立ててみたところです。

労基法上の労働者と労働契約とを区別しますと，これまで，労働者概念の拡大という観点から議論されてきた問題，すなわち，いかなる就業者にどのような法的保護を与えるかという問題に対し，新たな視点を提供することになるのではないかと考えたわけです。

唐津（司会）　近藤会員からは，併せて，次のような質問が出ております。ご紹介いたしますと，労働者概念確定の指標としての経済的従属性の使われ方は，経済的従属性に基づく契約条件の一方的決定，それらを基にした労働者の利用，指揮命令，したがって，その利用主体の法的責任負担，そのような理論的枠組みとしてではないのか，そうすると，経済的従属性を出発点として指揮命令関係の要件をはずすことは理論的に整合性があるのか，このような質問です。

この質問に関連して，関西大学の川口美貴会員からは，労働契約概念から指揮命令，使用従属性という基準をはずし，経済的従属性を重視するという展開には大賛成であるが，これは労働契約法上の労働契約概念に限定された見解なのか，私は，労基法上の労働契約概念についても使用従属性という基準は不要と考えているのだが，という質問，併せて，労働契約概念から使用従属性という基準をはずすのであれば，レジュメ5ページの労働契約の判断基準①から④を入れるのは矛盾しているのではないか，というご意見が出ております。近藤会員，川口会員から，何か補足がございますか。

近藤（中央大学）　たびたび恐縮です。

シンポジウムの記録

基本的な問題関心は異論がないところなのですが、ただ、経済的従属性ということを強調なさるということから、私の理解としては、経済的従属性ということは交渉過程における不平等と、それに基づく労働条件の決定ということ、それに基づいて使用者が一方的に働かせるというところ、あるいは指揮命令するという、こういうつながりの中で、だからこういう関係であるからこそ、そのような労働力の利用主体は、一定の、何らかの法的な責任を負うべきだという論理枠組みの中で展開されてきたのではなかろうかと、私はそういう理解をしているのです。

そうしますと、やはり現在において問題なのは労働力の利用形態の多様化ということは、そこにおける働かせ方の違いの問題です。従来のような、具体的に自分の直接な指揮下において指揮命令をして働かせるという典型的な従属労働ということで、形式的に思い描かれてきた指揮命令関係という形式を採らない働かせ方が一般化してきているという、こういうことなのではなかろうかと思います。

報告では、指揮命令関係という要件をはずすということから問題を考えていかれてますが、これは私自身、大いに賛成ではあります。

しかし、経済的従属性ということから、即、指揮命令関係をはずすという枠組みにならない。むしろ働かせ方の違いということをもう1回通さないと、十分な議論にはなりにくいのではなかろうかと考えるのですがいかがでしょうか。そういう趣旨の質問です。

唐津（司会）　はい、ありがとうございました。では、鎌田さん、お願いします。

鎌田（東洋大学）　ありがとうございます。今、近藤会員から、経済的従属性にかかわって指揮命令、または、労働力の利用方法（指揮命令に服した労務の提供）も経済的従属性と密接な関連があるのではないかというご質問をいただきました。つまり、使用従属性、または指揮命令というものを前提にして経済的従属性ということを考えられるわけだけれども、私が、指揮命令と切り離して経済的従属性をそれ自体として定義するのは、はたして可能なのだろうかという、そういったご質問かと思います。

これにつきましては、実は経済的従属性という言葉の定義を私は報告でしておりませんで、こうした疑問が生じたものと思われます。私は、経済的従属性を、自己の危険負担と計算の下で労務を提供しないこと、簡単にいえば、非事業者性として理解しています。

しかし、私は、この経済的従属性を、直ちに労働契約の本質的要素としておりません。

それはなぜかということになるのですが、契約概念というものの性質決定あるいは特質を考えた場合に、その契約の履行の実態から契約を性格付けるということは、その契約についての法規範を適用するための適用範囲を確定する手段としてはいいのかもしれないけれども、当事者が契約を自分の目的を達成するための契約形式として選択

する場合には，必ずしも履行の実態，経済的従属性という事実は，本質的要素にならないのではないのか，むしろ，当事者の労働契約を選択する意図に着目にすべきではないかと考えるわけです。そういう意味で，労働契約の本質的要素はリスクの配分として考えるべきではないかと考えまして，そういったことが経済的従属性を労働契約の判断基準としていることの前提となっています。したがいまして，私は経済的従属性は上記のような意味で用いておりますので，これまでの「経済的従属性」という用語とは一致いたしません。

したがいまして，お答えはこういうことになろうかと思います。つまり，使用従属や経済的従属下での労働という履行の実態ではなくて，まさに契約におけるリスク配分に着目して，新たに契約という概念を考え，その関連で経済的従属性を用いたわけです。

さて，経済的従属性という事実は指揮命令を前提としているというご指摘ですが，確かに，多数学説は，労働者性の判断基準としての労働の従属性を人的従属性と経済的従属性の複合と捉えておりますので，その関連は密接であります。しかし，私が用いた「経済的従属性」という用語と，労働者性の判断基準として用いられている用語では意味が異なっていると思いますので，この点は言葉足らずであったと反省しております。

● 労基法上の労働契約と労働契約法上の労働契約

唐津（司会） では，川口会員のご質問について，お願いします。

鎌田（東洋大学） 川口会員から，「労働契約概念から指揮命令，使用従属という基準をはずして経済的従属性を重視するということだが，これは労働契約法上の労働契約概念に限定されているのか。あるいは労基法上の労働契約概念についても使用従属という概念を考えている。一言で言いますと，労働契約法上の労働契約の定義は今申し上げたようなことでいいのだけど，労基法上の労働契約あるいは労基法の労働者の概念について，私，鎌田は使用従属という概念を依然として維持しているのか」。こういう質問かと思います。

これは，なかなか議論の分かれるところかと思います。私は労働基準法上の労働契約概念は，やはり伝統的な使用従属性を中心にしていくのではないかと考えています。なぜかと申しますと，労基法は，使用者の指揮監督の在り方に対する規制を含むと考えるからです。例えば，労働時間規制の前提には，使用者の指揮監督下で労働する時間という労働時間概念があります。したがいまして，私の考えでいきますと，労働契約法上の適用範囲と労働基準法上の労働契約の適用範囲は違ってくる。ただし，そうは申しましても，私は，労基法上の労働者概念をこれまでのように使用従属性基準で十分だというのではなく，使用従属性と事業者性との相関で捉えてみたらどうかと思っています。これについては「労働基準法

シンポジウムの記録

上の労働者概念について」という拙稿に詳しく述べていますのでご参照いただければ幸いです。

その点でいくつかの問題が出てくるのではないかと思います。

そもそも川口会員が今おっしゃるように，同じ労働法の保護という観点から見て，そのような差異あるいは違いをもたらす理由は何かという，大きな問題に突き当たるわけであります。質問にないことまでこちらで答えて申し訳ないのですが，まさにそれは当事者の契約上の紛争処理という法の目的と，最低基準を刑罰法規によって確保するという，両法の目的の違いということで考えております。

それから，労働契約概念から使用従属という基準をはずすのであれば，私が労働契約性の判断基準とした8つの中の1から4については，従来の使用従属という概念と同じではないか。そうすると自分（鎌田）の言っていることと矛盾しているのではないかと，こういうご質問だと思います。

これは，確かに書いた表現で見ると同じように見えるのですが，私の位置付けと致しますと，例えば労働時間を相手方によって管理・指示されるというのは，指揮命令を受けているという趣旨ではなくて，まさに管理・指示された中では事業者として独自の経済活動ができないという意味で，経済的従属性（非事業者性）の基準の1つと考えて挙げております。

もう1つ違いますのは，私，8つの要素という中の4つは，確かに使用従属性という従来の要素と似ているのですが，あとの4つは経済的な従属性にかかわる要素であり，この4つで推定されるということなのです。

従来は，経済的従属性だけでは労働者性は評価されないということですので，そういう意味で，数の問題ですが，経済的従属性だけで労働契約性が評価される場合が出てくるという意味で少し軽重を付けたつもりであります。

● 労働契約法における就業規則

唐津（司会）　はい。近藤会員，川口会員，いかがでしょう。よろしゅうございますか。

では，続きまして，名古屋大学の和田会員から鎌田報告について，就業規則が拘束力を持つために，その周知が必要であるという規定が労働契約法に挿入された場合，この規定は相手方の就業規則の適用を受けないタイプの委託労働者，新しいタイプの労働者にも適用されるのかどうか，これは論理矛盾にはならないのか，という質問が出されています。

鎌田（東洋大学）　この就業規則の問題につきましては，私も報告で少しお話をしましたが，私のように労働契約概念を取りますと，おっしゃる通り，就業規則の適用を受けないタイプの労働者に労働契約法が適用されるということになります。そうしますと，和田会員がおっしゃるように，労働契約法の中に就業規則にかかわるいくつかの規定があるが，これをどうするのかという問題がでてきます。

結論から申しますと，私は，就業規則の

適用を当事者が合意で排除し得ると考えておりまして，そういうふうに考えた場合，就業規則にかかわる周知等の規定は，就業規則の適用を受けるタイプの労働者にのみ適用される規定ということになります。労働契約法の中に就業規則にかかわる規定がいくつかあろうかと思いますが，就業規則の各種の規定は入り口のところで道が分かれることになるのではないかと考えております。

実は，これについては労基法の93条を労働契約法の中に移動させる等の議論もありまして，いわゆる就業規則の適用自体が契約法の適用を受ける当事者に強制的に適用されるのかどうかという，もう1つ別の問題にもなってくるかと思いますが，この点については，私も非常に悩んでいるところであります。

結論を申しますと，先程言いましたように，就業規則の適用そのものについて当事者が特約をもって排除することができる。もちろん特約というのも，形式的に排除すればそれで終わりということではなくて，実質的に当事者の意思を判断するということになろうかと思います。

唐津（司会）　和田会員，いかがでしょうか。

和田肇（名古屋大学）　私の質問についてですが，考えていることが少し違うのです。

つまり鎌田説でいきますと，労働契約概念が広がっていまして，労働契約法の中にさまざまな労務給付者が入ってき得る。そのときに，労働契約という概念を一旦広げておきながら，一部の者について労働契約法の規定の適用を排除するということになってしまって，おかしいことになるのではないかという質問が私の質問です。

唐津（司会）　はい。では，鎌田さんお願いします。

鎌田（東洋大学）　どうもありがとうございます。私，質問の趣旨を少し取り違えていたようであります。まず，今，和田会員がご指摘いただいた点，つまり，鎌田は労働契約という概念を再定義することによって適用範囲を広げたが，その実，労働者のタイプまたは労働者の契約の在り方によって，規定の一部が適用されない場合が出てくるのではないのか。そういうことになれば何のための苦労なのかと，こういったご指摘でありました。

結論を申しますと，和田会員がご指摘した批判，労働契約法の適用範囲を広げながら，個別規定の適用がないということがでてくるのかというご指摘は当たっていると考えています。

私は，労働契約法上の当事者がなした合意が，労働契約だと評価・判断されたとしても，規定の一部については，更にもう一段その規定について，当事者の契約締結の意図と適用される規範の趣旨を踏まえて適用されるものと適用されないものが出てくるのではないのかということであります。

ただし，これは任意規定にかかわる部分が主要であります。強行規定については，そういうような契約で排除はできない。ただし，そうは申しましても，任意規定だったら排除できるのか。理屈のうえでは任意

規定というのは当事者の合意によって排除できるということなのですが、そういう趣旨まで考えてみると、労働契約法制、労働契約で保護するために設けた規定というのは、いったいどういう意味になってくるのかということが確かに問題になってくると思います。

私自身も、任意規定であるから直ちに当事者によって変更できると思っているわけではありません。民法学説においても、任意規定について当事者が自由に変更できるという見方は必ずしも支持を得ておりません。任意規定だから排除できるという考え方は今や少数説になりつつあると私は理解しておりますが、労働契約法でありますので、当事者の合意の評価と、その合意があったうえで更にその規定について、特に任意規定についてはどのような範囲でそれが適用されるのかは重要な論点だと思います。それが適用されるかどうかと、その規定の趣旨と当事者の意図が、やはりもう一段検討されなくてはいけないということになると思います。

そういう意味で、いわば今の和田会員がおっしゃったように、広げておきながら、しかしその実、こういった委託の就業者のような人たちについては、適用がされない規定が出てくる可能性があるということは、その通りだと思います。

ただ、何度も申しますが、それは形式的に適用排除するという文言が契約書にあれば、それを排除すると単純に考えたわけではありません。これは基準法などとはかなり違います。

● 労働契約法における強行規定と任意規定

唐津（司会）　はい。和田会員、いかがですか。よろしいですか。川口会員、どうぞ。

川口美貴（関西大学）　お時間ない中すみません。今の点ですけれども、私もいくつか気になって質問に書かなかったのですが、問題は労働契約法上の労働契約をどう定義するかということにあたって、労働契約法の中の何を強行規定として何を任意規定とするかということの具体的な中身なくして労働契約を定義するのであれば、評価がちょっとできないような気がするのです。私は、すべてほとんど強行規定だと考えていらっしゃると思っていました。したがって、就業規則については場合によっては除外できるとおっしゃいましたが、そこは考えていなかったものですから。

ただ、鎌田先生のご報告の中で強調されていましたように、労働契約においては労働者はそもそも対等に決定ができないので、実質的に対等決定できるようにしなければいけないと。かつ、鎌田先生が従来から強調されていらっしゃったように、公正競争という観点が非常に重要であるということを考えますと、逆に言えば、強行規定でないのは、それを強行規定としなくても、実質的に対等な労働条件の決定という観点からも問題がない規定ということに限定されるはずだと思いますが、具体的にはどういう規定が強行規定ではなくても構わない規定ということになるのでしょうか。

唐津（司会）　これは、鎌田報告では

具体的に触れられなかった点ですが、鎌田さん、お願いします。

鎌田（東洋大学） 川口会員がご指摘のとおり、労働契約法のなかでいかなる規定が強行規定または任意規定かという問題は重要です。現在の私には、労働契約法の個別の規定について報告する準備がありませんが、いくつかのコメントをしたいと思います。

1つは、「労働契約法制の在り方に関する研究会報告書」との関連ですが、この報告書で提案されている労働契約法制には、任意規定はかなり限られています。例えば、出向先と出向元との間の賃金支払に関する連帯責任などが任意規定としてあげられていますが、それ以外は強行規定や手続規定が多くを占めています。このような法律は当事者による柔軟な紛争処理を難しくしないだろうかという気がします。確かに、格差があるところでは、任意性を認めることは、交渉力のある一方当事者による強制を認めるという面がありますが、それは、裁判所による契約内容のコントロールを通して修正することが期待できるのではないでしょうか。要するに、この問題は、労働契約法のコンセプトに関わる問題で、今後、私なりに、全体像を提示しなければならないと考えております。

第二には、就業規則の適用の問題です。任意規定の適用可能性は、就業規則の適用と密接な関連があるように思います。就業規則の適用については、すでに述べたような考えをしていますが、就業規則の適用がある場合と、ない場合とで強行規定、任意規定の適用の在り方にどのような問題があるのか、今後の検討課題としたいと思います。

川口（関西大学） お答えはペーパーにするときで結構です。

鎌田（東洋大学） 本当に不十分な回答で申し訳ありません。

唐津（司会） 強行規定あるいは任意規定にかかわる報告の部分は、レジュメの7ページの最初のところにございます。これに関連するものとして、弁護士の水谷会員から、任意規定の適用にかかわる報告部分について質問が出されています。水谷会員、ご説明、お願いできますか。

水谷英夫（弁護士） 私の質問も先ほどの質問と関連するのですが、契約の性質決定と法規適用についてです。鎌田先生のお話では、労働契約法において、強行法規と任意法規の適用で違いがあり、労働契約法の強行規定の場合は、ある合意が労働契約だとすれば、無条件に労働契約法が適用され（もっとも労基法等の適用は別で、労働契約法が適用されるにとどまる）、他方、任意規定の場合はそうではなくて、その合意が労働契約に当たるかどうかという契約の性質決定をまず行い、次にその契約が労働契約法の規定に当たるかどうかについては、契約の定める趣旨を考慮して決定されるという二段構えになっていて、労働契約法の適用の場面で、強行規定と任意規定の適用の仕方が違っています。私の理解では、一般に、強行法規が適用される場合でも、任意規定と同様に、契約の性質決定、適用に際して契約の趣旨を考慮して決定がなさ

れているのではないかと思うものですから，先生がこのように区別なさっている理由についてご教示ください。

唐津（司会） はい，ありがとうございます。鎌田さん，お願いします。

鎌田（東洋大学） 今，私がお答えしたことと関連して言える問題で，特に具体的に何を強行規定で何を任意規定にするかという具体例を挙げずにご説明をして，その辺が大変な疑問を巻き起こしているのではないかと思います。今後その辺で私なりに検討したいと思います。

さて，そこでご質問について改めて具体的なご質問をいただきましたので，改めてお答え致します。今，水谷会員がご指摘いただいたように，私が，強行規定と任意規定についての差をこういうふうに設けたというのは事実でございます。そこで，なぜそういう差を設けなければいけないのかというご質問ではないかと思います。

私としては伝統的に任意規定というのは，そういう当事者意思というものによって変更できるという，そういう出発点から考え出したものです。

あるいは，水谷会員のご質問は，任意規定にせよ，強行規定にせよ，結局，労働契約法の規定がそのまま適用されるか，当事者によって変更されることを許すのかという操作を通じてはっきりするのだから，規定の性格はむしろ，解釈適用の結果ではないかというご趣旨かもしれません。確かに，民法のような任意規定を原則とする法律ではそうであってもよいのかもしれませんが，労働契約法は多くの強行規定を含むものですから，当事者に対しどれが強行規定なのかはある程度事前に明確にしておく必要があろうと考えております。

私がレジュメで用いた表現（「ある合意が労働契約とされた場合，労働契約法が適用されるにとどまり，労基法その他の法律の適用は別である。労働契約法に定める規定が強行規定である場合，これに反する限度で契約条項は無効となり，強行法規の定めによると解される。」）の意味について，水谷会員は，労働契約法が適用されるにとどまりということは，労働契約法が適用されるということが前提になっているのではないかというご趣旨でご質問されています。

私が，「労働契約法が適用されるにとどまり」と表現した趣旨は，労基法そのほかの法律の適用は別であるということであります。労基法の適用と労働契約法の適用が違うということをここで強調をしました。

そして，労働契約法が適用されたとしても，労働契約法に定める強行規定は，当事者の定めた内容を無効として，労働契約法の当該規定の定めによるということであります。

強行規定の効力について，こう強調したわけは，強行規定に違反したから無効になるのはいいが，これを強行法規の定めによるというふうにその効力を考えることができるのか相当悩みましたので，強調したわけです。

これに対して任意規定というのは，そういう効力はないというつもりで，レジュメのように書いたのであります。

唐津（司会） よろしゅうございます

か。では，もう1件，鎌田報告について，早稲田大学の石田会員から次のような質問が出ております。ご紹介いたしますと，報告における労働契約の定義と本質的要素と判断基準との三者の関係がよく分からない，判断基準に示された要素から本質的要素を見ると，従属性もその1つの要素になるような気がするのだが，従属性も労働契約の本質的要素として明示されない理由はどこにあるのか，このようなご質問ですが，補足ございますか，ではお願いします。

● 経済的従属性と労働契約

石田眞（早稲田大学） 先程の川口会員とのやり取りの中で，既にお答えになっている点もあるのですが，鎌田会員が報告の中でお示しになった労働契約の判断基準の様々な要素から見ると，労働契約には，本質的な要素として何らかの従属性があって，それが根拠となって労働契約法の強行規定性とか，解約の自由の制限の問題が出でてくるのではないかと思います。労働契約法の説明では経済的従属の話が出てくるものですから，労働契約の本質規程と労働契約法における労働契約の概念とがいったい違うのか同じなのか，労働契約の概念とも関わって，ご質問をさせていただきました。

唐津（司会） はい，ありがとうございます。では，鎌田さん，お願いします。

鎌田（東洋大学） 実は，ご指摘の通りでありまして，つまり本質的要素に経済的従属性という概念はなぜないのか。言っていることは，経済的従属性を前提にしたさまざまな強行規定があるにもかかわらず，どう考えているのだというご指摘だと思います。

さて，労働契約の本質的要素とは，自ら労働に従事するということと，もう1つは，使用者のために，使用者の危険負担と計算のもとに労働に従事すること，簡単に言うと，非事業者性を挙げております。この他に，経済的従属性を本質的要素としてあげておりません。その理由は，私の考えでは，使用者の危険負担と計算の下で労働に従事するということは，経済的な従属性というものが必然的に関連してくるのではないかと考えております。すなわち，他者の危険負担と計算の下で自ら労務を提供せざる者は，労働のリスクを他者に依存せざるをえないという意味で経済的従属性をもたらすと思うわけであります。具体的には，主たる生計を特定のユーザーからの報酬に依存することや，継続的な就業関係がそれであります。

その前に，労働契約法の適用対象として，なぜストレートに経済的従属性にある者というような，あるいは労働者類似の従属関係にある者という定義をしないのかという意見もあろうかと思いますので，これにお答えしておきたいと思います。

実は，私も以前はそういった定義を考えておりました。ただ，労働契約というものは，当事者の立場に立って，この契約を労働契約として選択するかどうかという観点から，その定義を考えていかないといけないと思っているのです。

そうでなければ労働基準法上の労働契約と同じになってしまう。つまり，当事者の

シンポジウムの記録

意思にかかわらず労働契約性が決定されてしまいます。それは、労基法の適用範囲を決定する道具として考える場合は適当かもしれませんが、労働契約法の適用範囲を確定する手法としては適当ではないと思いました。

こう考えますと、当事者が、経済的従属性のもとで労働することを目的にして契約をするということがはたしてあるのだろうか、それは違うのではないかと考えたわけです。

要するに、私の報告では、契約の性質決定の場面、つまり当事者の合意といかなる契約形式のもとに置くのかという場合の労働契約の概念と、労働契約法の適用範囲を確定する場合の労働契約の判断基準とは、必ずしも一致しないことになります。

労働契約も契約である以上、当事者の自発的なリスク配分に着目して定義しなければならないからであります。実際に指揮命令をするとか、あるいは従属関係であるというよりは、やはり両当事者が、「これはあなたがリスクを負いますよ」、あるいは「これは就業者のほうがリスクを負いますよ」ということで選択していくのではないか。

フリーのコンピューター技術者などではあるいは労働契約を結んだり、あるいは独立委託契約を結んでますけど、その辺のリスク・コストをどう割り振る、振り分けるかということが中心になって契約形式の選択が行われてるのではないか。必ずしも、指揮命令を受けるから自分は労働契約なのだ。受けないから、独立の委託契約なのだ

というふうには思っていないではないかと思うわけです。

さて、経済的従属性は、労働契約法の適用範囲を確定する場合に重要であります。労働契約とは先ほど申しましたように、当事者のリスク配分を本質的要素といたします。ですから、基本的には当事者意思による決定ですが、当事者が労働契約以外の契約を選択したときには、それと額面通りに受け取ることができるか疑問が生ずる場合があります。とりわけ、使用者がその法的責任を回避するために実質的には労働契約でありながら、それを労働契約以外の契約を用いて偽装するという場合もあります。そういうことを使用者ができるのは、使用者・労働者間に経済的従属性があるからであります。

そこで、私は、労働契約性の有無を判断する場合には、当事者が選択した契約形式のみならず、その実態、すなわち、経済的従属性の有無は重要な判断要素となると考えるわけです。しかし、経済的従属性の有無をいかなる基準で判定するかは困難な問題で、私が報告であげた判断要素はあくまでも試みでして、今後さらに検討したいと思います。

2 企業の社会的権力と労働契約法

● 企業の社会的権力とは

唐津（司会） よろしゅうございますか。時間の関係がございますので、このほかに鎌田報告についてご質問等がございましたら、のちほどいただくこととして、続

きまして，三井報告への質問に移ります。
　まず，名古屋大学の和田会員から，三井報告で最も重要なキーワードになっている使用者もしくは企業の社会的権力とはいったい何なのか，という質問，同じく関西大学の川口会員から，企業の社会的権力の定義は何か，という質問が出ております。三井さん，お願いします。

三井正信（広島大学）　ご質問，どうもありがとうございます。やはり定義部分をやらずにいきなりぱっと「企業の社会的権力」という言葉を用いて報告を行ったことはやや不親切かつ不十分ではなかったかといまの時点では考えております。和田会員も川口会員も同じようなご趣旨でご質問をなさったのかもしれませんが，まず私の頭にあったことは，憲法学，特に樋口陽一教授の指摘などを見ていますとよく論じられていることなのですが，国家からの自由の確保や個人の確立に加えて，現代社会においては巨大な社会的権力の出現によりいかにしてかかる社会的権力からの個人の自由の確保や個人の確立を実現するのかが重要となるという問題意識なのです。例えば，ああいう樋口説を読みますと，企業というのは社会的権力であって，そこからいかに個人の人権や自由を守るかということが現代の憲法学の重要課題として書いてありますので，当然そういう認識が一般的だなと思って，つい使ってしまったわけです。ちょっとその辺は反省したいと思います。
　私がなぜこういうことを言ったかといいますと，かつて労働法の基本理念といいますか基本概念は生存権理念であるとされており，最近では労働者の自己決定を重視する自己決定権説あるいはサポートシステム説という新たな考え方が出されております。
　しかし，これらの説の主張を振り返って吟味しますと，結局はいずれの説もそういう労働者保護とか，労働者に対する一定の労働法規というのは，あくまでももっぱら労働者の地位を重視して設けられていると考える点で共通しているように思われるのです。私は，その観点からすると，ではなぜかつては労働者の生存権侵害というかたちで，労働者に関する問題が現象化したのか，もしくはなぜ労働者は今，自己決定できないのか，あるいはそういうサポートを必要としているのかがはっきりしなくなり，その結果「何故労働法なのか」という労働法の基礎が不安定になってしまう，そういう問題があるように思います。
　やはり，そういうことを考えると労働者の相手方，つまり企業，すなわち使用者というものは社会的経済的に大きな権力を持った存在，いわば私的権力であって，労働者と相対するかかる企業の特性が，あるときには生存権侵害として労働者に影響を及ぼし，またあるときには労働者の自己決定を侵害するに至ると考えて，労働者の地位を基礎にして労働法の理念を考えるのではなくいつの時代にも普遍的に存在する企業の社会的権力性を基礎にすえて，その社会的権力性が時代や労働者の地位や社会の変化にともなってどのような影響や悪弊を労働者に及ぼすのかを考察することが，実は労働法の基本を示す重要な視点となるのではないかと考えたわけです。

特に，実際にサポートシステム説のような考えにはやはり大きな抵抗や違和感を感じまして，この説によりますと，労働者が強くなったら，あまり従来のような形で労働法規が必要とされなくなるのですが，この説の基本的発想の原点にある生存権（＝弱い労働者）か，強い労働者かという労働者の地位をめぐっての二項対立的発想で規制か市場サポートかという単純な形で割り切って労働法を論ずることは疑問に思います。むしろ労働者が強くなろうと弱かろうと，企業というのは実は依然として大きな権力である。労働者に対する影響の及ぼし方が昔と今とでは変わっているけれども，昔から一貫して企業というのは大きな力を持っている。それが看過できない影響を労働者に及ぼしている。ですから，労働法の基本部分（普遍的基礎）はかかる企業の社会的権力に対するコントロールであるべきだと考えた次第です。要するに，かつては労働者の生存権を擁護する形で労働法が企業の社会的権力をコントロールすることが求められ，現在では労働者の自立や自己決定を実現・確保する方向で企業の社会的権力をコントロールすることが労働法に求められていると捉えるわけです。

では，そこで言う社会的権力とは何かというのですが，これは非常にシンプルであります。労働者と使用者は，当然，労働契約という契約を結んで契約関係に入るわけですが，やはり企業というのは，ある場合は組織的権力ということで，大きな階層的組織を持っております。もしくは，最近，必ずしも企業組織（組織的権力）というかたちではなくても，これだけ経済がグローバル化致しておりますと，いわゆる経済的な力というかたちで，当然個人を凌駕する大きな力を持っております。

企業は，そういう継続的な大きな力，組織的，経済的，そういったさまざまな力を持っているのですが，それが対等の契約相手として労働者を扱ってくれればいいのですが，実際にはそのようにはいかず，労働者はそういうさまざまな権力行使にともなう不当な影響を被ります。場合によっては契約関係を超えて，あるいは債権・債務関係を超えて企業が労働者に対し不当な，もしくは由々しき社会的権力行使状態を作り出すということが問題ではないかと考えたわけです。

ですから私のそういう発想からすれば，結局，自己決定なり生存権なり，いくら労働者が弱かろうと強くなろうと企業というのは大きい組織的，経済的，そしてその他さまざまな力を持っていて，それによって依然，今でも具体的には生存権から自己決定まで労働者に多様な看過できない影響が生じているのであって，いくら強くなった労働者，例えば高額な年俸を取ってばりばりいけるような人でも，企業内いじめ等がなされる場合にはそれを防止するための法的装置が必要となるのであり，依然として企業の社会的権力をコントロールする労働法の存在に意義を見つけることができるのです。一般的にいって職場環境全般の問題もそうであります。

ですから私は，たとえ労働者といった労働を提供する法当事者，生身の人間という

ものがいくら強くなったとしても依然として自己を遙かに凌駕する社会的権力たる企業というものに直面せざるを得ない。生身の人間が，こういう大きい組織的な，あるいは経済的な力を持った相手と向かい合うと，非常に重大な結果が生じる。かつてはそれが生存権の侵害になり，現在では自己決定侵害というかたちで出てきているのです。

ですから，そういう個人を凌駕する組織的，経済的，およびその他さまざまな力を有する企業に直面して労働者個人に生ずるそういう大きいもろもろの影響ないし弊害・悪弊を除去・軽減・緩和するためには，これはやはり労働者の対等の契約相手として，企業の社会的権力を法によって妥当な範囲内，法的に許容できる範囲に制御するということが必要となるのであり，これが労働法の基礎であるというふうに考えております。したがって，答えとしては非常にシンプルなのですが，労働者の人権や自由，契約主体性から労働条件等にいたるまで，さまざまな影響を及ぼし得るところの労働者に対する契約相手である使用者＝企業の有している組織的，社会的，経済的，さまざまな力の総体というふうに考えております。それを事実上の問題として放置するのでなしに法の世界に採りいれてコントロールしていくための規制が必要だと考えているわけであります。お答えになったかどうか分かりませんけれど，以上で回答と致します。

唐津（司会） ご質問の方，いかがですか。川口会員，何かございますか。

川口（関西大学） 三井会員のいろいろなお考えとか基本的な見解とかについては，私は分かるつもりです。ただ，解釈論を展開するうえで重要な新たな概念については相当厳密な定義が必要で，おっしゃりたいことは何となく分かるような気はするのですけれども，解釈論として展開するうえで，具体的に企業が，例えば労働者に対して契約上持っているどういう権限が，企業の社会的権力であり，どうしてそのような新たな概念が必要だと考えていらっしゃるのかということについて，このあとでも構わないのですが，少し整理していただければと思います。

三井（広島大学） ありがとうございます。あまり考えてきていない所をご指摘いただきました。

しかし，憲法の樋口説の問題意識などに私はかなり影響を受けたわけですけども，このような考えによれば個人の社会的権力からの自由というものは現代において非常に重要なテーマになります。それがもっぱら頭の中にあるものですから，このような現代憲法学の重要な課題を引き継いで，労働法においても社会的権力からの個人の自由の確保が重要となる，という問題意識がございました。

ですから確かに，本来はまず実体論なり，現実的な雇用社会の現状を十分に踏まえ分析したうえで具体的に何が問題かをはっきりとさせてから議論を組み立てる必要があったといえるのですが，それを抜きにしてもっぱら問題意識のレベルを抽象的に前面に押し出してお話ししたという点は，

シンポジウムの記録

多少やはり今の両先生からのご指摘を受けて反省をしておりますので，今後，十分法的概念として，どうこれを洗練し精緻化して具体的にお答えできるかということを考えていきたいと思います。

唐津（司会） では，和田会員，お願いします。

和田（名古屋大学） 法的概念かどうかというところが少し違うのですけど，三井先生が広島法学でずっと書かれているのをいくつか読ませていただくと，社会的権力のコントロールが三井先生の労働法のキーワードになっています。そのときに使用者の社会的権力という言い方をされたり，企業の社会的権力という言い方をされたり，事実上の社会的権力をコントロールするという言われ方をされたり。私には，話は分かるのですけど，むしろそういういろいろな言葉について，何が法的なのかというような説明の仕方がどうもはっきり分からなくて。

それから，従来言われてきたようなものでは説明がつかないのかどうかということが，私には理解できない。いろいろな学説を批判されながら，新しい三井パラダイムを立てているのですけど，本当にそれが新しいパラダイムなのかどうかというのは私自身よく分からなくて，今日の説明でもそこら辺が理解できなかったものですから，一つ質問させていただいて。言いたいことは分かっているのですけれども，非常に概念がこんがらがるのではないかということが私も疑問です。

三井（広島大学） ありがとうございます。確かに和田会員に言っていただいた通りですが，私はあくまで事実上の社会的権力が労働契約という契約を媒介することによって，法的にも社会的権力となる危険性を問題とするのでありまして，具体的には法的装置がない場合は法的にも社会的権力が権力として通用することになり，結局，歯止めがきかなくなる。それは由々しき問題だと考えるのですが，もう少しそのあたりの社会的権力性のレベルを厳密に仕分けして，十分に言葉の定義を考えまして今後は論を展開したいと思います。

私は基本的に，労働基準法が「事業」という言葉を使っておりますが，あれが労働契約が民法の雇用契約とは異なる性格を有することを示すものであると考えているのです。労働契約を締結することによって事業という形態を通じて労働者が企業という大きなくくりに取り込まれる。ですから，そういうたくさんの人を雇っている企業が使用者である。

つまり，普通，労基法が規制対象とするような事業を展開できるような企業は大きな力を持っているだろう，したがって労基法はこのような企業の権力をコントロールするものである。そして，これが労働契約法の基礎でもある。そういう素朴な考えで理論を展開しておりましたので，今後はもう少し概念を精緻化して，今おっしゃっていただいたことを踏まえて考えさせていただきたいと思います。

● 労働契約上の義務と履行請求

唐津（司会） 今のご質問の点につき

労働契約法の基本理論と政策課題

ましては，三井会員が，今後，検討を重ねていくということでございます。三井報告につきましては，同じく，川口会員から次のような質問が出ております。民法1条2項と労基法2条2項との関係について，前者，民法の信義則の規定を法的根拠とする場合と，後者を法的根拠とする場合の具体的な違いは何か，履行請求の可否ということであれば，必ずしも両者のどちらを根拠とするかにより異ならないのではないか，このような質問です。

三井（広島大学） ご質問，どうもありがとうございました。やはり，川口会員の言われるように，そういう可能性もあるとは思うのですが，例えば民法学におきましては給付義務以外の義務，つまり付随義務などの履行請求を認めるかどうかということについては非常に議論があるところでありまして，最近でも民法学の内田教授などは，むしろ安全配慮義務は，学校事故とか，そういう企業における一定のリスクをいわば処理するための概念であって，むしろ損害賠償を請求するための根拠であると主張されるのですが，かかる傾向がかなり強くなっていると思います。

ですから一応，民法学の中でも，確かに付随義務の履行請求を認める見解がございますが，必ずしもそれが通説というようにはなっておりません。そこで，労働契約上の付随義務論を民法学から解放して，先程言いました憲法27条2項の要請に基づいて労基法が作られた点に着目してかかる趣旨を踏まえつつ労働契約上の付随義務論を展開すべきではないかと考えた次第です。労基法2条2項が労働契約上の信義則を特別に規定していると考えれば，これを用いて憲法27条2項の趣旨を直接実現できるのではないか。つまり先程の私の説明を補足しつつ敷衍致しますと，実定法的な労働契約法的装置が存在しない場合でも，ある程度信義則，労働契約法上の信義則を，直接，憲法27条2項の要請に反映させて，理論展開させることで，法的装置の不存在を補うことができることになり，加えて社会的権力のコントロールのために必要であるならば履行請求を認めることも含めて柔軟に労働契約上の付随義務論を展開させることができるのではないかと考えます。

ですから私の考えに即して言いますと，当然，安全配慮義務の履行請求を認めるべきことになり，加えて職場環境配慮義務についても同様に考えるべきことになります。例えば，セクハラの被害を受けた女性労働者が，「お金なんか要らない。私はキャリアを続けたい」と望む場合には，使用者に対して，「こういう悪化した職場環境のもとでは，私はキャリアを追求できない」と主張して職場環境配慮義務の履行請求が認められてしかるべきである。

しかも私の場合は，職場環境配慮義務に関して，セクハラや職場いじめに対処するためだけにとどまらず，更に労働者が十全に職場において労働能力を展開してワーキングライフを送れる，そのための環境整備をする義務が使用者にあるのだという議論を唱えてきた。恐らく，民法の信義則では職場環境に関するこまごました問題について履行請求を認めることは難しいかも分か

りませんが、そういうことが問題となる場合は、「いやいや民法とは違うのだ。」ということで、憲法27条2項の要請を踏まえて、労働契約上の信義則で柔軟かつ妥当な対処を行うことができるのではないか。むしろ制定法、つまり労働条件法定の原則に基づいて設けられた制定法によって本来は職場環境の整備・配慮についても規制されてしかるべきであるが、そのような制定法が存しない。その部分を労働契約上の一般条項である労働契約法上の信義則を活用することで対処をしカバーをする。むしろ労基法上、特別に民法とは別個に労働契約法上の信義則が規定されており、これを企業の社会的権力をコントロールするために柔軟かつ妥当な方向で活用していく。こういう問題を通じて、やはり労働契約にふさわしい義務論を構築していくべきだと考えるのです。とにかく、民法学の義務論、これを克服し労働契約関係にふさわしい義務論を構築していくには、特別の労働法上の根拠が必要ではないか、こう考えた次第であります。

● 配転・出向の包括的同意と公序
　唐津（司会）　はい、よろしゅうございますか。同じく川口会員から、配転、出向に関するすべての包括的事前同意、客観的に合意的な理由を欠き、社会通念上相当と是認できない解雇は、すべて公序違反で無効となるのか、という疑問が出されております。解釈論としては難しいような気がするのだが、というご指摘ですが、三井さん、いかがですか。

　三井（広島大学）　川口会員、ご質問ありがとうございます。
　まずは、誤解があるので訂正させて頂きます。私は配転については本日の報告ではひとことも触れておりません。これは実は、今回の学会報告へ向けての事前の準備会で人事異動ということで配転について採り上げて報告したのですが、そのときに、おまえの言っているようなことはもう既にだれもが皆言っていることであるから特別に取り出して新たに論ずる必要と意義がないという批判を受けましたので、学会本番では出向を論ずることにしたのです。
　ついでですから、一言、配転について言うと、私は別にエリートサラリーマンとか若い人でどこでも行くつもりの人がいれば、場合によれば配転に関しては包括的事前同意、これを否定する必要はないのではないか、あくまでも労使対等の立場で決定できるのならば、それはそれでいいと思います。
　ただしそういう場合、これはよく皆さんが言われることですが、22歳で大学を出たばかりの学生が、「自分はビッグになりたい。出世したい」ということで何でもやるつもりであったのが、やがて家族ができて、家族が病気とか両親の介護、あるいは子供が病弱である、そういう事情で、もしくは何らかの突然予想もしなかった事情で、そういった22歳の時の自己決定をなかなか貫徹できない状況が生ずる。そういうことは多々あるわけです。
　ですから私の場合は、まず第一点目は、包括的事前同意を認めても、それは当面の同意であるということで限定をかける。つ

まり，包括的事前同意はそれがなされた時点での労働者の事情なり状態が前提となっているので，それが認められる限りにおいての時間的に限定されたものであると考えるのです。とにかく，包括的事前同意を認めるためには，こういうことがまず必要だと思います。

そういうことであれば，当面，若い大学を出た時と同じような状況であれば，労働者はそういう配転も受けるという意思を有していたというかたちで，包括的同意に一定の限定を加えることができる。そして，私の場合，配転には限られないのですけれども，一定，包括的同意に基づいて使用者に大きな権限を与える場合，その代償として手続的な要件を更に付け加えるべきであるという考えを持っております。

つまり，このような包括的な同意（ないしは就業規則の条項）がある場合，いくら使用者の権限の範囲内であっても，使用者がそれを行使する場合は十分な誠実交渉というか，話し合いというかを行って，事前の打診および事情聴取などを行う必要があるのです。労働者の同意が必要となるとは言いません。既に同意を取っているのですから。しかし，あくまで納得を取り付けてから配転をする。場合によっては，労働者の事情しだいでは納得を得られないということもありえますが，それはそれで，このような状況で，使用者が配転命令をあえて出せば配転命令権は権利濫用になる可能性を認めよう。そういう方向で配転については考えております。

ですから，配転については，事前の包括的同意を認めるとしても，合理的限定解釈，つまり時間的な限定にプラスして事項的な限定，ないしは一定の範囲的な限定を加える必要がありますし，併せて使用者は一定の手続的な義務を負うと考えています。

それから，出向について述べますと，やはり契約主体性の確保という点から考えると，民法625条の規定する「承諾」というのを，あくまでも労働基準法2条1項の労使対等決定の原則に照らして労働者が自己の利益を保持しつつ使用者と対等の立場で行った実質的な同意でなければならないというように捉える必要があるのではないか。つまり，民法625条をこの対等性の理念を踏まえたうえで労働契約法的に解釈する必要があると考えるわけですから，私としては労務指揮権者の変更でありかつ労働契約の大きな変更である出向については労働者の個別的同意かあるいは少なくとも就業規則の具体的規定に対する労働者の実質的同意が必要だという考えにこだわるのであって，いくら出向が日常的に多用されてきているといってもこの労基法2条1項の理念自体を崩すことはできないのではないかと思います。

こうは言いましても，私も会社勤めの経験があるからわかるのですけれども，実際，使用者から「行け」と言われて断ることができる人は，余程の例外なのです。ですから，私のような理屈を取っても，使用者に「行ってくれ」と言われれば，多くの労働者は通常は「うん」と言います。労働者が使用者の申出を拒否するのはよほどのこと（よほどの理由がある場合）なのです。そ

こで，このようなよほどの理由を抱えた労働者が解雇，懲戒などの不利益，あるいは不当な影響を受けることなしに，「私は行けません」と正面から使用者に対して言うことができる，そういう法的環境を作っておく必要があるのではないか。こういうふうに考えましたら，あえて出向については，配転とは異なって厳格な要件を提示した次第です。

次に，二番目の，客観的に合理的な理由を欠き，社会通念上相当と是認できない解雇は，すべて公序違反で無効となるのか，というご質問に対してお答えさせていただきます。確かに，民法90条は私的自治の例外的な規定であって，社会的妥当性を欠くよほどのことがない限り私人の行為は公序良俗違反にならないわけですから，いくら違法な解雇であっても民法90条の視点からすればすべてを公序良俗違反とすることは困難であることはいうまでもありません。しかし，違法な解雇権の行使は企業の社会的権力の不当な行使であって，労働法的観点からみれば公序違反と評価できるのではないか。やっぱりそこは解雇に対する事前の抑止力ですね。私は一番そこが大事な点だと考え，公序違反というかたちで企業権力の不当な行使と考えられる違法解雇は無効であると構成するのです。使用者が不当に社会的権力を行使しないようにあえてこういう厳しいことを言っておくことが必要と解されるのです。

そこで，私が問題とする公序といいますのは，何も民法90条の公序良俗というよりは，憲法27条2項が企業の不当な社会的権力の行使がなされることをコントロールしようとしているとの趣旨を踏まえて，かかる趣旨を反映していると考えられる労基法1条が労働契約上の公序規定を構成しているということなのです。したがって，違法解雇は労基法1条違反として公序違反と評価される。ですから，労基法1条には労働契約上の公序を用いて企業の権力行使をできる限りコントロールして事前抑制といいますか，そういう違法解雇＝不当な権力行使が起こらないようにするというメッセージが込められている，こう考えているわけです。となると，そういうフィルターを通してみて，やっぱり不当な社会的権力の行使の結果としての契約の解約なんだ，使用者がそういうことをした，と評価されますと少々厳しいようですが，それは結局法的には否定的に解さざるを得ない。しかし，公序違反を除去するためには何も直接に民法の公序良俗違反，つまり民法90条を援用するという手法に頼る必要はないのであって，信義則とか権利濫用とか問題となる事項や事例に応じて適切な条文を活用することができると柔軟に考えていけばよいのではないか。したがって，違法解雇に関しては，労基法1条の趣旨を踏まえてかつては民法1条3項の権利濫用の禁止規定を用いて公序違反に対処していたことになると考えた次第であります。以上，ちょっと分かりにくかったかもしれませんがお断りをさせていただきます。

唐津（司会） はい，分かりました。川口会員は，三井さんが公序というので，民法90条の公序を念頭に置かれてご質問な

さったと思うのですが，三井さんは，そうではなくて先程縷々ご説明がありましたような，いろんなものを包含した新しい概念というか，そういうものとして公序を想定されているということでございます。よろしいですか。では，司会を交代致します。

3　有期労働契約と新たな公序

● 雇止めと労基法18条の2

浜村彰（司会＝法政大学）　川田会員の報告に対する質疑応答に移ります。川田会員は，有期労働契約について，有期労働契約の締結または終了と均等待遇を2つの柱にしてご報告しました。

質問は6件寄せられていますが，その2つの問題に集中しています。まず，前者の有期労働契約の締結または終了に関して中央大学の近藤会員から次のような質問が寄せられております。

「脱法行為の法理に基づいて有期雇用を雇い入れるうえで労基法18条の2が適用されるべきとの論はそれなりに理解できるが，他方，同条を根拠に有期雇用それ自体に違法評価されるべしとする論拠がよく見えない」との質問です。

川田知子（亜細亜大学）　近藤先生，ご質問どうもありがとうございました。

本報告は，雇用の安定あるいは雇用の継続が個別労働法の基本原則であり，労基法18条の2はそのことを承認したものであるとの考え方に立っております。したがいまして，理由なく労働契約に期間を定めることは雇用の安定ないし雇用の継続を妨げるものであり，労基法18条の2の趣旨に反するものであると考えております。

また，このような労働契約を反復更新した結果の雇止めに関してですが，ある契約について規制が定められている時に，契約の仕方を操作することによってその規制を回避することができるという問題は，労働法の領域に限ったことではありません。例えば，借地借家法では，一時使用の賃貸借というものがありますが，これは少なくとも借地借家法の存続保護に関する規定の適用はされないということになっております。しかしながら，一時使用の賃貸借を1年，2年の契約と反復更新していくことによって，実態としては借地契約，借家契約になって存続保証の規制を回避するといいますか，かいくぐられることになってしまう。この事態において，法律の回避を規制するためには，本当に一時的な使用の賃貸借なのかどうか，どのような場合に一時的な使用の賃貸借とみなされるのかということが議論されているようです。

有期契約においても，期間の定めのない労働者の解雇については労基法18条の2が適用されるのに対して，反復更新された有期契約の場合は，この規制が回避されてしまうことになる。したがって，同条の趣旨を踏まえますと，このような法律の回避を規制するためには，期間を定める合理的理由が必要であると考えることができるのではないでしょうか。

浜村（司会）　労基法18条の2に基づいた脱法行為論がどうして出口規制ではなく有期労働契約の入口規制につながるのか

というご趣旨の質問だと思うのですけれども，その点に関連して川口会員からも質問が寄せられております。「労基法18条の2の趣旨に反する有期労働契約は違法無効ということですが，その具体的判断基準を確認させてください」との質問です。

　　川田（亜細亜大学）　ご質問どうもありがとうございました。川口先生からいただいたご質問の具体的な判断基準ということは，つまり法律の回避になる場合というのはどういう場合なのかということだと思うのですが，最も典型的なものは，恒常的な業務に有期労働契約を使うという場合です。恒常的な業務であることが明らかな業務に対して，あえて期間の定めのある契約を締結するということは，使用者が労基法18条の2を回避する目的で有期契約を利用していると見ることができます。恐らくこの質問の裏側には，そうであればそういった具体的な判断基準，すなわち利用事由をきちんと列挙しておけば良いのではないか，それが具体的な基準となってより分かりやすいであろうということではないかと思いますので，その点についても若干触れさせていただきます。

　フランスやドイツでは，法律において利用事由を例示的に列挙しているというかたちをとっております。基本的に，法律で例示列挙されることによって，より分かりやすいし，具体的な判断基準になるということは私も十分承知しております。

　しかし，本報告では，正規・非正規の区分を越えて，両者を同一の規制原理の下におくための公序を設定するということを考えておりましたので，期間の定めの有無によって，一方は利用事由を法律で制限し，他方は自由な利用を認めるということは適切ではないのではないかと考えました。

　　川口（関西大学）　何回もすみません。1つお聞きしたかったのは，強行規定を回避することを目的としているという判断基準について，使用者の主観的な意思とか意図というのを基準として採用するのかという問題と，それと合わせて，例えば恒常的に存在している業務ではあるが，1年限りしか使わないと，初めから1年できっかり終わりですというかたちで使用者が告知をしていれば，川田先生の基準だとそれは引っかからないのかどうかということです。あと，18条の2はあくまでも解雇の判断基準で，客観的に合理的理由というのは，当然契約の解除にあたっての権利の濫用の判断基準ですよね。それと入口のところで，有期契約として成立するかどうかというのは，当然ですが，同じ客観的合理的理由の有無が判断基準になっていても当然中身が違うので，そこのところが少し私には，分かりづらかったのです。

　　川田（亜細亜大学）　恒常的な業務に1年だけですよというかたちで使用した場合には，当然1年で終わりであると考えております。しかし，1年経過後に契約を更新することになった場合には，最初に有期契約を締結したときに明示した「合理的理由」がそもそも存在しなかったということになります。使用者が労働者を有期で雇うときには，有期とすべき理由を明示することを使用者に義務付けるべきであると考え

ていますので、自ら明示したにもかかわらず、それを無視して契約を更新することは許されないはずです。その意味では、川口先生のおっしゃるように、使用者の主観的な意思（意図）が基準となります。しかし、1回でも更新した時点で、使用者が明示した「合理的な理由」がそもそも妥当なものなのかという疑問が生じることになりますから、それについて説明できない以上、契約期間の定めは無効になると考えるべきです。

また、解雇の時の合理的理由と有期労働契約の時の合理的理由とはそもそも違うのではないかというご質問ですが、確かにその通りでありまして、私の報告の中では両者を混同させてしまっているようであります。すみません。頭が整理されていないようなので、もう少し検討したいと思います。

● 有期労働契約における入口規制と出口規制

浜村（司会）　有期労働契約については、従来から入口規制と出口規制のいずれが妥当かという問題が論議されてきたのですが、この有期労働契約の基本的な規制手法に関して濱口会員からも質問が寄せられております。

「労働契約規制には、労働市場への影響をも考慮する必要があるのではないか。具体的には有期労働契約に対して入口規制を行うことは、常用雇用が困難な者に対して雇用機会を狭めるという問題があるのではないか。出口規制についても経済学からは不用意な不利益を指摘する説があるが、必ずしも実証されていないし、あるにしても入口規制より弱いであろう。ちなみに、EUでは必ずしも入口規制を義務付けていない」というご趣旨ですが、補足をお願い致します。

濱口桂一郎（政策研究大学院大学）　はい。まず、入口規制というものがもし有効に機能するとしたら、これは非常に厳格な限定列挙をする場合だろう。その場合以外は有効な規制にならないのではないか。

もし厳格な限定列挙をして、それに当てはまらない場合は、有期契約と称していてもそれはすべて無期である、というやり方で入口規制すれば、確かに出口でちゃんと保護されるということになると思うのですが、しかしそれをやると、恐らく入口のところで雇用機会を狭めるという弊害が出てくる可能性がある。逆に入口での弊害を和らげようとして、「その他正当な理由があるとき」といった一般条項によって実質的に包括的に有期契約を認めてしまうやり方（例えば、今日販売された連合総研の労働契約法試案でも一般条項が入っています）では、入口規制と言いながら、実は尻抜けになって、有効な入口規制ではなくなってしまうのではないか。

つまり、入口では一般条項によって自由に有期契約を締結することができ、そのままずっと何回も更新して、何年もたって出口に立って初めて本当に正当な理由があったかどうかということが裁判所の判断に委ねられることになります。しかもそのときに何回更新したとか、何年契約が実行されてきたかといった事後の諸状況ではなくて、

入口のところで正当な理由があったかどうかという判断のみで，その時点で，有効な有期契約であったかそれとも無期契約であったかを判断することになってしまうのです。それが，今の最高裁の東芝柳町事件判決以来の判例法理よりもメリットがあると言えるのだろうかというのが，実は私が最もご質問したいことであります。

むしろ，公序ということからすると，もう少し社会的に透明で，かつ予測可能性があるかたちの規制にしたほうが労働者にとってはメリットがあるのではないかというのが，私の質問の趣旨でございます。

川田（亜細亜大学） ありがとうございます。先生のご質問にございましたように，有期労働契約の入口規制をすることによって，雇用機会を狭める可能性は否定できません。ただ，雇用機会の拡大に貢献してきた有期労働契約が，本来であれば正社員には適用されるべき解雇権濫用法理の適用を免れるものであるとしたら，しかも労基法18条の2に同法理が立法化された以上は，その規定を免れる手段として有期労働契約が利用されている，という問題こそ指摘すべきであると思っております。

やはり，企業は最低限のことを守るべきであって，正社員で雇うと人件費がかかるといったとしても，そこでのコストは当然企業が負担すべきものであって，そのコストは今まで，非正規の労働者が安い賃金で雇用されて負担してきたという実態があるわけです。そういった意味で言いますと，入口の規制において雇用の機会は狭めるかもしれないが，それでもやはり法律の回避を許さないという態度で今回は報告に望みました。

ただ，そうはいっても私の報告の中で少なくとも多少労働市場への影響を考慮しようと思いましたのは，利用事由を法律で明記しなかったということであって，これは使用者に労働契約を締結するときに，自ら利用事由と上限期間を明示させるという方向を取ったことによって，それぞれの企業が柔軟なかたちで有期雇用の利用の仕方を考えていく必要があるのではないかと思っております。もちろん，先生がおっしゃるように「公序」というからには，社会的に透明かつ予測可能性がある規制が望ましいことは全くそのとおりでございます。しかし，この点はやはり，いきなり立法による規制を行うことの難しさもあるわけでありまして，この点については，ドイツでも判例の中で積み重ねられてきた利用事由が立法化されていることを考えますと，そのような柔軟な対応が必要なのではないかと考えた次第です。

濱口（政策研究大学院大学） 私が申し上げたのは，労働市場への影響を考えて一般条項をいれようということではなく，むしろ，そういう風に積極的に一般条項を入れたりして労働市場への影響を少なくしようとすると，逆に入口規制というのは意味のないものになってしまうのではないかということです。むしろ，今，川田先生がおっしゃったように，回数とか期間とかそういったことに着目して，出口規制そのものを作っていくということのほうが，むしろ直截で望ましいのではないか。そういう趣

旨で申し上げたつもりです。

● 雇用期間の区分と均等処遇

浜村（司会）　川田報告のもう1つの柱になっていたのが均等処遇の問題です。この点については，荻野会員から次のような質問また意見が出されております。

「私は日経連のダイバーシティ・ワーク・ルール研究会にアドバイザーとして関与致しました。川田会員引用の日経連研究会報告は，正規・非正規という従来の大雑把な区分から，正規も非正規も多様化する中で区分も多様化し，その区分をより明確化することを主張しております。したがって日経連報告書は川田先生の所属の区分を取り除くという画一的な方向性とは逆の方向であり，また，パートタイム労働研究会報告の言う均衡処遇とも明確に異なります。以上から，日経連報告書を川田先生の所論に援用されることは適切でないと考えます」。

この点については川田会員の方からコメントしていただいて，それから荻野会員にご発言をお願いしたいと思います。

川田（亜細亜大学）　荻野様，ご質問いただきましてどうもありがとうございました。まず，最初に申し上げますと，日経連（現日本経団連）のダイバーシティ研究会報告書を読んだときに，日経連もこんなことを言っているんだ，すごいなあと大変感心して取り上げさせていただきましたが，やはり違っていたようであります。（笑い）申し訳ございませんでした。

ただ，この研究会報告では，「長期・有期という雇用期間の区分によることなく，公正，公明で納得性の高い制度」ということを言っておりましたので，私もこの部分から示唆を受けて，正規か非正規というとらえ方ではなく，期間の定めの有無という区分を取り除いた上で，公正な処遇，納得のいく待遇の必要性を考えるに至ったということであります。

期間の定めの有無が，雇用の処遇に当たって大きな影響を与えていることを考えますと，両者の区分を取り除いた公正な処遇というかたちで，（それによってもしかしたら期間の定めのある労働者の処遇が下がるかもしれないけど），公正で納得のいく処遇が求められるべきではないかということであります。この部分に関して，私はこの研究会の報告書の考え方に賛同したものでありまして，取り上げさせていただいたという次第であります。

浜村（司会）　では荻野会員，ご発言お願い致します。

荻野勝彦（トヨタ自動車）　荻野でございます。質問ではないので回答は不要ですということで，単なる情報提供ということで書面を出しました。したがって発言もないはずだったのですが，せっかくの機会ですので，私は専門家ではありませんのでアカデミックな貢献は全く不可能でございますが，コメントさせていただきます。この日経連のダイバーシティ・ワーク・ルール研究会でございますが，もとより先進的なものを出そうという趣旨でスタートした研究会でございます。したがいまして，ある程度メンバーの自由な意見をまとめました。

実は30代前後，この当時私も30代半ばくらいでしたし，30代前後くらいの若い実務担当者を集めて作った研究会でございますので，甚だ生煮えで中に矛盾もいろいろと含んだものになっております。先進的なものを出したというのはいいのですけれども，先進的であるが故にこのようにいろいろなところで一部分が一人歩きして，誤解を招くことがこれまでもありました。実は，パートタイム労働研究会報告でもやはり一部分をつまみ食いされておりまして，当時日経連の会員からは「困ったものを出してくれた」という批判もいただいております。そのようなものであるということでお読みいただければと思います。

今回ご引用，ご紹介いただきましてありがとうございました。それは非常にうれしいのですが，繰り返しになりますが区分ごとに職務や役割などをその時点のものから長期的な期待までふくめてみて，合理的に設計，評価するということを申し上げているのでありまして，これは決して長期と有期の賃金制度まで同じにすることを意味するものではございません。当然ながら，長期・有期で将来的な期待役割，勤続期待に違いがあれば，それによるプレミアム部分などもあり，ある一時点では職務，役割，達成度等が同一であっても賃金や賃金制度に違いが出てくるのだという趣旨で書いたものでございますので，その点改めて補足しておくということでございます。

浜村（司会） どうもありがとうございました。この問題についてあと2点ほど質問が出ております。具体的な均等処遇の内容にかかわる問題で，その1つは水谷会員から次のような質問が出されております。

「格差是正に向けた立法的規制として正社員，有期契約労働者の区分を取り除き，公正かつ透明な職務評価に基づく雇用管理区分を提言していますが，その具体的内容ならびに実現化の点についてご提示ください」。

それからもう1つは，具体的なケースを想定した中村会員からの質問です。「均等待遇に関連して，公正な職務評価基準の作成にあたって以下の意見についてどのようにお考えなのかお教えください。現在担当している職務内容が同一であっても，今後転勤が予定され，管理的業務に従事することが予定されている正社員と，転勤が予定されず，管理的業務の従事が予定されていないパート職員とでは，労働価値が同一とは言えず，差があるべきなのではないか。もし，この意見に同意される場合には，その差はどのように評価をすべきか，お考えをお聞かせください」という質問です。

川田（亜細亜大学） ご質問どうもありがとうございました。まず，水谷先生から頂戴した質問に対してお答えさせていただきます。この中で，私が正社員・有期契約労働者の区分を取り除くということと，公正かつ透明な職務評価に基づく雇用管理区分ということを話した理由について，具体的に四点ほど指摘したいと思います。

第一に，公正かつ透明な職務評価に基づく雇用管理区分は，期間の定めの有無を問わない職務評価であるべきであるということです。期間の定めのある労働者と，期間

の定めのない有期契約労働者をそもそも区分している基準そのものの公正さをまず考える必要があるのであって、その垣根を取り除いた職務評価制度ができることが望ましいのではないかということを言いたかった訳です。

なぜなら、確かに、賃金格差には様々な要素があることはわかりますが、期間の定めの有無が賃金格差を正当化する一つの要素になっていることを考えますと、そもそも両者を区分をすること事態の公正さをまず一度考えたうえで、その垣根を取り払った上で職務評価制度を構築することが必要なのではないかと考えます。

第二に、労働契約の主たる義務は、労務提供義務と賃金支払義務であります。賃金支払義務には、単に賃金を払えばいいというだけではなく、労働の価値をちゃんと評価して、それについてしっかり職務評価をした上で賃金を支払うということも、当然、賃金支払い義務の中に含まれるべきです。そう考えるのであれば、期間の定めのある労働者に対して、労働の価値を評価するという行為が賃金支払義務に先行する義務としてあるのではないかということです。

第三に、私は今回の報告の中で「公正」という言葉を用いました。本報告の中での「公正」とは、労使当事者が実質的に対等な立場で双方に受け入れることのできるルールをお互いに提案し合えるような原理を満たしている場合を考えております。しかし実際には、特に有期契約労働者は、組合の組織率が低く、そこにおいて公正な職務評価はなかなか難しいわけです。その中でも、具体的な内容として考えるのであれば、労働者（有期契約労働者も含めて）と使用者が一緒に話し合った結果、お互いが納得いくようなルールを職務評価として構築すべきではないかと考えております。

第四に、「それに実現可能性はあるのか」ということでございましたが、実現可能性は均等待遇を立法化することによって可能になると考えます。このような立法化によって、使用者は格差を設けようとすれば、労働者に対して格差の合理的な理由を説明することになりますので（立証責任の転換）、格差（差別）を正当化する合理的な理由の内容を恐らく使用者が一生懸命探すことになると思われます。職務評価制度はそこにおいて初めて議論され、きちんとしたかたちで導入され、確立されるのではないかと思います。そこにおいて実現可能性が出てくるのではないか今考えております。

続きまして、中村先生、ご質問どうもありがとうございました。ご質問では、「職務内容が同じであるけれども転勤が予定されている正社員と転勤が予定されていないパートの社員、この人たちが労働価値が同じであると言えるか。差があるべきではないか」ということでありましたが、この点について私は基本的に、職務内容が同一であれば基本的には差があるべきではないと考えております。そして、仮に差があるべきだとしたら、その格差を正当化するなんらかの合理的な理由を使用者が立証する責任が出てくると考えます。実際、全国に支社がある大企業においては、転勤が業務上必要で頻繁に行われている場合もあります

シンポジウムの記録

から、確かにそれは合理的な理由になるかもしれません。

ただし、転勤の有無ということに関して若干指摘させていただくと、コース別雇用管理区分を採用している企業においても実は転居を伴う転勤がほとんど実施されていない、それにもかかわらず、雇用管理区分を導入することによって格差を正当化しているという実態も少なくありません。転勤の有無が雇用管理区分にとって必要不可欠な基準であるならともかく、格差を正当化するための基準として用いられているとしたら、その基準自体の合理性が問われるべきではないでしょうか。また、先生のご質問に書かれていたことから少し外れてしまうかもしれませんが、均等法改正にかかわって議論されておりますように、やはり転勤の問題、特にパートタイム労働者の多くが女性であり、現実的に家庭責任の多くを担っている女性は転勤に応じることが困難であることを考えますと、間接差別の問題とあわせて転勤の有無という基準の合理性について考える必要があるのではないかと思います。

4　契約内容の特定と変更

● 労基法における就業規則と労働契約法における就業規則

浜村（司会）　最後の野川会員の報告について、質問が4件寄せられています。まず鴨田会員から次のような質問が出されています。

「現行法の就業規則に関する意見聴取に

つき、労働基準法の立法史料に関する研究を踏まえて契約法の観点からどのように考えておられるのか。また、その対象者である過半数代表、特に代表者につき契約法の観点からどう考えるのか」。もう1点は「労使協定、特に過半数代表者が締結した労使協定による実質的な労働条件の設定機能の発揮について契約法の観点からどう考えておられるのか」という、2つの質問です。

野川忍（東京学芸大学）　はい、ご質問ありがとうございます。時間もありませんので、簡単にお答えさせていただきますが、労基法上の就業規則や労使協定に対するさまざまな要件が、契約法上どう考えられるかというふうに聞かれますと、それは区別をしてお答えしなければいけないと思うのです。

というのは、就業規則と一口で申し上げましても、労基法ワールドの中の就業規則と契約法ワールドから見た就業規則というのは、全然違うものだと思っております。労基法の就業規則というのは、93条が主たる効力でして、就業規則を作ってそれが職場の労働基準法として93条の効力、すなわち直律的かつ強行的な効力を持つためには、89条、90条の要件が必要であるというものです。これは公法的な要件です。それによって93条は強行的つまり外部規律的に、契約を一定の内容で規制するという内容ですので、そういう労基法ワールドの中での意見聴取というのは、要するに過半数代表から意見を聴取して届出に添付したということがあれば労基法93条の効力を否定するこ

とはないだろうと、その程度のことだと思っているのです。

これを契約法の世界から見ますと、労基法では、就業規則は93条以外には、契約それ自体には関係ないと私は思っているのです。就業規則が労働契約の世界からどう見られるのかというのは、就業規則という一般的な労働条件の制度を定めたものがあってそれがどのように機能していて、それがどういうふうに個別の労働契約になっていくのかという全然別の観点からの考察が必要だと思っております。

したがいまして、最初の質問にお答えするとすれば、いわば労基法の観点を取っ払って、例えば過半数の代表者というのがまさに厳密に職場の全員によって選挙され、その選挙がよく討議されて、最終的に意見の集約がなされて、代表者がみんなの意見を集約して使用者とよく話し合って意見を申し述べて、賛成をしたと。そういうことであれば、そこにすべての従業員が参加しているということは、その中の従業員の例えば一部に自分にとっては少しきつい規定かもしれないけど、制度としてみんなに適用された時にはそれなりの合理性があるのでしょうがないだろうなと了解しているというかたちで、いわばそういう根拠によって契約上の効力が生じていくということはあると思います。

しかし、それは労基法上過半数代表が要件をみたしていたかどうかというようなことではなくて、まさに就業規則の規定がそのようなかたちを通して労働契約の内容になるということがあるという世界の話でございます。

ただ、鴨田会員がご質問の趣旨としておっしゃっていた「立法史料」に出ている内容というのは、実は、労基法制定段階の一時期において、過半数組合もしくは過半数代表の同意を得なければ有効な就業規則は作れないと言っていたことが、一時期ですけどもあったのです。

それはすぐに意見聴取でよいという今の形に変わったんですけれども、この一時期の提案がもし現実になっていたら随分違ったことになるのではないかというのは、私も「立法史料」の中でも触れました。しかしそれはあくまでも労基法上93条の効力を持つ就業規則が、そういうかたちで作られればそれは理想的であろうということであって、労働契約と就業規則がどのような関係に立つかというのは、そうなれば今とは全く異なる議論になっていたであろうと思います。

いずれにせよ、就業規則に対する契約法ワールドから見た過半数代表の意義というのは、以上のようなことになるのではないかと思います。

労使協定についても同じでして、確かに労基法をはじめとして、労使協定は数十に渡るさまざまな機能がございます。しかしそれはどれも主として公法上のいろんな規制を緩和したりとか、別の規制を作る条件を整えたりとかいったことに使われているものでして、契約法の観点からと言われますと、これもたいへん難しいのですが、例えばこれも労使協定を締結して、それに基づいて就業規則が労使協定によって緩和さ

れた内容に変わったという場合に，その就業規則の変更された内容が改めて労働契約の内容になるかどうかということを考える時に，その労使協定を締結した過半数代表が今申し上げたように全従業員によって選挙され，その中でどうしてその労使協定を結ぶのか，その趣旨も十分に討議され，そのうえで出て行って同意したというのであれば，その労使協定に基づいて間接なりに変更された就業規則は改めて契約内容になりうるという方向にいくだろうということではないかと思います。

しかし，それもあくまでもそういう契約法ワールドから見た観点であって，労基法上，労基法を初めとするさまざまな労使協定の直接の機能と契約が直接リンクするというものではないというふうにお答えしておきます。

● 就業規則と労働契約

浜村（司会） 次に今の野川会員の説明ですでに触れられましたが，野川理論の核心にかかわる問題で，就業規則の規定がなぜ労働契約の内容になるのかという点について2つ質問が出ております。

1つは古川会員から，「就業規則の内容が労働契約の内容になるという根拠について，就業規則の適用を受ける一員になるということについて労働者の意思を基礎とし，また就業規則変更に関しても，事前の労働者の意思，合意の範囲内に限定しようとするご見解に異議はありません。ですが，この場合，労働者の意思あるいは合意をどのように認定するかという事実認定が問題となります。労働者の意思（合意）について契約変更の範囲を限定する事実認定が困難な場合，契約変更範囲を抑制することは難しいのではないでしょうか。よって，事実認定による規制だけではなく，信義則による規制が必要だと考えますが，いかがでしょうか」という質問が出されています。

もう1つ，川口会員から「前半の就業規則の法的拘束力の根拠について，就業規則の変更が，必要かつ合理的な内容であればそれに従うという労働者の事前の個別の同意があればその同意を媒介として就業規則の法的拘束力を認めるという従来の契約説の見解と，答えがどういうふうに違うのでしょうか」という質問が寄せられています。

野川（東京学芸大学） はい，まず古川会員のご質問に対しては，結論的には私も事実認定だけではなく規範的な規制が当然必要になると思っています。時間の制約上丁寧に説明ができなかったのですが，私が申し上げている，合理的な内容であればその変更に対しても同意しているということが想定されているというのは，従業員が，ある就業規則が自分に適用されている，自分はその就業規則に記載されている内容の制度を適用される一員であるということを了解しているという場合には，やがてその制度が変わるときも，自分個人にとっては若干つらい部分もあるけれども，従業員全員に一律に適用される「制度」としては，これには了解しなきゃいけないだろうなというふうに想定されるようなものの範囲では，やはり「合理性」があって拘束されるだろうということも了解していると見うる

のではないかということです。それは契約上そういうふうに最初から同意していると考えるべきであろうということなんですね。

そうすると内容は必ずしも事実認定ではなくて，ちょうど合理性という言葉が基本的に規範性を備えていることからしても，信義則や公序のような観点に照らし，例えば大変変わった労働者が，すごく自分が痛めつけられることになるんだけれどもそれでもいいとか，そういうことはやはり規制できるような内容として規範性を備えているものだと思うのです。

これについては私はほかの論文で，最も合理的に行動するような従業員代表がいたら同意するであろうような内容なら，個々の従業員もその制度の適用を受ける以上は，その範囲での変更には最初から同意していると推定すべきだと言ったのです。ですからこれは，古川会員がおっしゃるように，合理性という言葉の中にそういった規範的要素を読み込んで単なる事実認定ではないかたちで，判断していくということになるだろうと思っております。

それから川口会員のご質問ですが，要するに労働者の事前の個別同意をここで根拠とする従来の展開との具体的違いというのは，労働者の事前の個別同意というのをどこまでの範囲で想定するかによるかだと思うのです。例えば就業規則を示されて，「分かりました，これには私は従います」というようなことを明示的に言ったのかといったところまで狭く考えるのかと言えば，それは違うだろうということです。

例えば就業規則に配転条項があるのだけれども，それは実は見たこともないと。だけれども日常的に周りで配転が行われていて，例えば自分とほかの同僚とどっちを配転しようかということを議論されている状況もあったことを承知していると。それで同僚が配転されたというような場合，いまだ自分は配転されてないのですけれども，そうだとしたら，やがて自分が配転を命ぜられることもあり得るだろうと了解しているし，恐らくそれに対して全くそういう制度のもとで自分も働いているという認識でいれば，一応契約内容としては，そういう配転制度を了解して自分は働いているということは認定できると思うのです。

そういうふうに，私の「労働者の就業規則に拘束される根拠」というのはかなり広い範囲のものであり，いわゆる事実たる慣習も含むのです。変更については先程の古川会員のご質問に対してお答えしたことと重なりますが，従来の見解もかなり広く，黙示の同意とかそういうところまで含めて労働者の同意があればというふうに言っているという前提であればだいぶオーバーラップしてきますけれども，さきほど申し上げた点が違うだろうというのが1つです。

もう1点違うとすれば，やはり先程申し上げた制度としての変更ですね。つまりあなたにとってこういうふうに変更するのはどうかという個人の意見だけで，ほかの人のことを考えなくていいと言われたら自分は「嫌だよ」と言うのだろうけれども，全体の中で，確かに今のところ自分はちょっと諒解できないかもしれないけれども，制度全体としてはこういうことだったら甘受

すべきかなと思われるような場合には，それは同意を与えてるとみなされるだろうということを申し上げています。そのような意味で同意すべき内容については，個々の労働者と使用者との間のその事項に関する契約についての同意ではなくて，そういう制度の適用を受ける一員となることについての同意であるという点が異なるかなということです。

浜村（司会）　もう1つ残っていた質問に既に答えたみたいですけれども，では川口会員お願いします。

川口（関西大学）　もう一問ありまして，労働者の事前同意の有無は，あくまでも事実認定の問題なのに，就業規則の変更の内容が合理的であればなぜ労働者の合意が推定されるのでしょうか。

野川（東京学芸大学）　そこは，先程答えた通りですけれど，純粋な事実認定ではないと思っているのです。拘束されるというところに私は合理性という概念，最高裁が作ってきた概念は何らかのかたちで生かすべきではないかと思っていまして，その事実認定の中で規範性の要素を含むときの概念としてこういう言葉を使っております。

先程申し上げたように，古川会員は信義則ということをおっしゃっていますけれども，私は就業規則に関する同意というのはいわゆる事実認定だけではない，そういう規範的な要素を踏み込んだ判断の対象であるというふうに思っています。

川口（関西大学）　時間がないところを申し訳ありません。ただ，この点とても重要だと思いますので。野川先生はやはり

この報告の中でなぜ就業規則の変更により契約内容が変更されるのかということについては，やはり労働者の同意というものも重要視すべきだとおっしゃっていたと思うのですけれども，先程質問しましたように，私自身は就業規則の変更されたあとの内容が合理的であれば労働者の事前の同意があるという推定は，そのような推定規定を法律上の規定に置かない限りは，解釈論としては無理だと思います。

それから，労働者の事前の同意の証明は要らないということになりますと，例えば何か具体的な訴訟になった場合において，使用者が証明責任を負うのは，就業規則の場合に合理性だけでいいと，したがって合理的な内容であればそれに従うという労働者の事前の同意の存在は証明しなくてもいいということになりますが，従来の契約説の見解であれば，労働者の事前の同意の存在を使用者が証明することが必要であるということになるはずで，どうしても私などからすると，事前の同意の存在の証明責任について，従来の契約説の見解からも後退しているように思われます。

野川（東京学芸大学）　はい，ありがとうございます。就業規則の変更が合理的であるということを，もちろん使用者は立証しなければなりません。そして，合理的な内容だということが疎明されても，しかしそれにはこういうような，それを覆すような非常に特別な事情があるということにつき，労働者側も反証をしなければならないというその構造自体は変わりませんけれども，最初の合理性の証明はかなりきついと

思うのです。

　というのは私が申し上げましたように，これは制度としての合理性なのです。つまりこの労働者は反対しているけれども，ほかの労働者，就業規則が適用される全部の労働者にとってはこんなふうに非常に有利な面があって，この労働者に対する面というのも，その労働者がもしも制度全体として合理的かどうかが分かっているのだったら，当然にこれは同意すべき内容なほどに合理的だということを立証しなければならないので，かなりその点では厳しくなるのではないかと思います。

　浜村（司会）　会員の皆さんの議論を喚起するという今回の報告の狙いが成功したか少々心許ないのですが，時間がもう過ぎておりますので，本日のシンポジウムはこれで終了させていただきます。どうもありがとうございました。（拍手）

【終了】

回顧と展望

信金労組役員に対する懲戒解雇無効と代表理事らの善管注意義務・
忠実義務違反
　　──渡島信用金庫（会員代表訴訟）事件＝札幌高判平16・9・29
　　労判885号32頁──　　　　　　　　　　　　　　　　　　　天野　晋介

業務の外部委託に伴う契約期間途中の解雇および雇止めの効力
　　──ネスレコンフェクショナリー関西支店事件・大阪地判平17・3・30
　　労判892号5頁──　　　　　　　　　　　　　　　　　　　　金井　幸子

信金労組役員に対する懲戒解雇無効と代表理事らの善管注意義務・忠実義務違反
―― 渡島信用金庫（会員代表訴訟）事件＝札幌高判
平16・9・29労判885号32頁――

天 野 晋 介
（同志社大学大学院）

I 事実の概要

被告 Y_1（以下「Y_1」）は T 信金の理事長，被告 Y_2（以下「Y_2」）は人事を総括する常務理事の地位にあり，両者共に T 信金の代表理事の地位にある者である（以下「Y ら」）。また，X らは，T 信金の出資会員である。

訴外 G は，昭和41年4月に訴外 T 信用金庫（以下「T 信金」）との間で雇用契約を締結し，平成9年11月から棚瀬町役場の出納室内の派出所で窓口業務を担当していた。また G は，訴外 T 信用金庫労働組合（以下「T 信金労組」）の副執行委員長の地位にあった。

T 信金と T 信金労組は対立関係にあり，平成6年には Y_1（当時，検査室長）の発言が不当労働行為（支配介入）に該当するとの認定がなされていた。

1 G に対する懲戒解雇処分について

G は，平成10年1月29日，国民年金保険料を受領しながら，納付書類も合わせて納付者に返還し，かつ，本件納付金を保管して他の金銭と混合させ，発生原因の不明な過剰現金を生じさせた。そして，この過剰金を自己保管したが，T 信金に対しては出納室の金庫に保管した旨の虚偽の事実報告をした。それゆえ，T 信金は，平成10年2月27日，就業規則第73条9号（「業務命令・通達に違反し，職務に関して不正行為，職場遵守を乱したとき」）に基づき，G を懲戒解雇した（第一懲戒解雇）。

さらに，平成10年8月頃，本件納付金に係る国民保険料につき，社会保険事務所から未納である旨の連絡を受けた納付者の問い合わせに対するＴ信金の調査により，Ｇが本件納付金を入金処理していなかったことが判明した。それゆえ，Ｔ信金は，同年12月21日，Ｇが本件納付金を入金処理せずに不法に領得したこと等を理由に，再度，Ｇに対し懲戒解雇の意思表示をした（第二懲戒解雇）。

なお，Ｔ信金では過去に本件と類似する融資申込みにつき，理事長の決済が必要であるにもかかわらず勝手に承認を与えた事例，ならびに顧客からの融資申込みの放置を隠匿する虚偽報告の事例が存在したが，両事例において，懲戒処分は行われなかった。

2　Ｇへの懲戒処分に対する行政事件・民事事件

Ｔ信金労組は，平成10年3月24日に，Ｇに対する懲戒解雇処分の取消し，現職復帰などを求める救済命令の申立てを道地労委に対して行った。道地労委は，平成11年8月26日に第一懲戒解雇が不当労働行為に当たるとして，Ｔ信金に対し，各処分の取消しを，さらにＧを原職復帰させるよう命じ，かつ平成9年5月1日から原職復帰までの間の賃金相当額の支払いを命じた（以下「本件救済命令」）。なお，本件救済命令は平成11年9月7日に交付された。

Ｔ信金は，本件救済命令を不服とし，取消訴訟を提起したが，同請求は棄却され（札幌地判平13・2・22判例集未登載），Ｔ信金は控訴（札幌高判平13・7・18判例集未登載），上告したが，各裁判所において棄却され，上告棄却（最高裁決平14・2・12判例集未登載）により，敗訴が確定した。

一方，Ｇは，平成10年3月18日，第一懲戒解雇が無効であるとして，函館地裁に地位保全及び賃金仮払いを求める仮処分命令を申し立てた。同地裁はＧの申立を認容し，金員の仮払いを命じた（以下「本件仮処分命令」）。

Ｇは平成10年5月20日，函館地裁に本案訴訟を提起し，雇用契約に基づく権利を有することの確認および賃金の支払い，本件各懲戒解雇等が不法行為に当たるとして慰謝料の支払いを請求した。函館地裁（函館地判平13・2・15労判812号58頁）は，本件各懲戒解雇等は不法行為に当たらないとしつつも，いずれも

無効とし，Gの地位確認および賃金請求を認容した。これに対し，GおよびT信金両者が札幌高裁に控訴（札幌高判平13・11・21（棄却）労判823号31頁），さらにT信金が上告および上告受理の申立てをしたが，最高裁（最一小決平14・6・13労判829号98頁）は上告を棄却，申立て不受理の決定を行った。

3 本件訴訟

以上の経緯を踏まえ，Xらは，T信金に対し，平成14年2月12日到達の書面で，T信金が本件仮処分命令等に従ってGを就労させないことにより，T信金に損害が生じたとして，業務執行を遂行したYらの責任を追及する損害賠償の訴えを提起するよう請求したが，T信金は，上記請求の日から30日経過後も訴えを提起しなかった。それゆえ，Xらは，①Gに対し2回にわたり懲戒解雇処分をしたこと，②裁判所によるGについての地位保全仮処分命令に従わず，Gを就労させなかったこと，③地労委による原職復帰を含む救済命令に従わず，Gを就労させなかったことについて，T信金の代表理事であるYらは，理事としての善管注意義務・忠実義務に違反し，当額についてT信金に損害を被らせたとして，信用金庫法39条，改正前商法267条に基づき，上記賃金相当額及び，遅延損害金をT信金に賠償するよう会員代表訴訟を提起した。

第一審（函館地判平15・11・27労判885号38頁）は，争点①については，Yらは不当労働行為についての認識可能性を有していたことを理由に，また争点③については，本件救済命令によりYらはGを就労させるべき公法上の義務を負っていたことを理由に，Yらの善管注意義務，忠実義務違反を肯定した。一方，争点②については，労働者の就労請求権が原則として肯定されていない我が国において，仮処分命令の効力として労働者を就労させることまでは求められておらず，それを前提とすると，本件仮処分命令後にGを就労させなかったことは，Yらの当時の経営判断として明らかに不合理であったとはいえず，理事としての裁量の範囲を逸脱したものとはいえないとし，Yらの善管注意義務，忠実義務違反を否定した。上記のように，一審は，争点①，③についてはYらの義務違反を肯定したが，T信金が，Gとの間の雇用契約関係を解消

する意思を有していたことから，Gにより給付される労務の対価として本件賃金を支払っていたとはいえないとし，本件賃金相当額は相当因果関係にある損害とはいえないとした。一方，遅延損害金については，相当因果関係にある損害と判断し，結果として，Xらの請求を一部認容した。

Xらは敗訴部分の取消し，損害額全額と遅延損害金の賠償を求め，一方，Yらは敗訴部分の取消しと請求棄却を求めて控訴した。以下，本判決（札幌高判平16・9・29労判885号32頁）を判旨として検討する。なお，本判決に対してYらは上告したが，最高裁（最二小判平17・8・18判例集未登載）は，上告理由につき上告を棄却し，上告受理申立てについては，民訴法318条1項の事由に当たらないとして受理しないとした。

II 判　旨

1　善管注意義務・忠実義務違反について
(1)　一般論

「司法の判断によって本件各懲戒解雇が無効であることが最終的に確定した場合には，特段の事情がない限り，本件各懲戒解雇をした1審被告らに，本件各懲戒解雇時において，善管注意義務違反及び忠実義務の違反があったと解するのが相当である。そして，この特段の事情とは，本件各懲戒解雇をすることが当時の客観的事情からやむを得ないといえるかが問題となる。」

(2)　第一懲戒解雇について特段の事情が存在するか

「平成9年9月当時，Y_1はT信金の理事長，Y_2は人事を総括する常務理事の立場にあったのであるから，……（過去の）事例において，当該職員に対し，懲戒解雇はもとよりなんらの懲戒処分を行っていないことを十分に承知しているところ，Gの上記行為は，……過去の2件の事例と極端に異なるものではないにもかかわらず，敢えて，Gを懲戒解雇という最も過酷な処分に付したものであって，これに加え……T信金は，T信金労組に対し，不当労働行為を行っており，GがT信金労組の副執行委員長の地位にあったことを併せ考慮すれば，Gに対する第一懲戒解雇は，T信金労組を嫌悪したために行われたもの

と推認するべきであり，第一懲戒解雇を行うについてやむを得ない事情があったとは到底認められない。」

(3) 第二懲戒解雇について特段の事情が存在するか

「T信金がGの横領行為を本気に疑い，懲戒解雇という重い処分に付そうと考えていたのであれば，Gの横領行為の有無を徹底して調査すべきであ」り，「Gの弁明を聞くなどの調査が行われて然るべきものであるのに，これが行われた形跡はなく，単に上記のような嫌疑のみに基づき処分が発令されており，しかも，第一懲戒解雇を否定する本件仮処分命令の発令後まもなく第二懲戒解雇が行われていること，本件納付金と本件過剰金は，その金額の差異が僅少であり，かつ，発生日時が近接しているから，その同一性や関連性を疑う必要があったことからすると，第二懲戒解雇も第一懲戒解雇同様T信金労組を嫌悪したために行われたものと推認するべきであり，第二懲戒解雇を行うについてやむを得ない事情があったとは到底認められない。」

2 損害について

「一般に，賃金は，労働者によって供給される労働の対価であり，賃金を支払う以上，それに見合う労働を受けない場合には，原則として，賃金相当分の損害が使用者側に生じているものと解するのが相当である。」

「他に賃金に相当する労働を受けないことを正当とする事情が認められない本件においては，賃金相当分はT信金にとって損害になるというべきである。」

Ⅲ 検　　討

1 本判決の意義

本件は，T信金の出資会員であるXらが，Gに対する各懲戒解雇，ならびに各懲戒解雇について発せられた仮処分命令及び救済命令後もGを就労させなかったことが，理事としての善管注意義務，忠実義務に違反するとし，Yらを相手に，信用金庫法39条，改正前商法267条に基づき，賃金相当額につい

ての損害賠償請求をした事案である。

本判決は、代表理事らによる違法な不当労働行為ならびに懲戒解雇に対する、出資会員らによる代表訴訟として損害賠償請求が認められた極めてまれな事例である。労働関係の直接的当事者でない出資会員らの代表訴訟が使用者の人事権に対する規制として働く可能性を示唆する判決でもあり、その点で興味深い事例といえる。[1]

2 信用金庫法上の会員代表訴訟

(1) はじめに、信用金庫法(以下「信金法」)に基づく会員代表訴訟による理事等の責任追及に関する制度について概説する。信金法39条が改正前商法267条の規定を準用していることから、本件のように出資会員が理事の責任を問うためには、株主代表訴訟と同様の手続を必要とする。株主代表訴訟とは、「株主が、会社に代わって会社のために、取締役等の責任・義務の追及を目的として訴えを提起する制度」[2]である。この制度は、取締役間の馴れ合いにより責任を不問とする危険性を考慮し、会社ひいては株主の利益を守るという観点から、株主が会社に代わって会社のために訴えを提起することを可能とするものである。

(2) 信金法35条は、理事の任務懈怠行為について、損害賠償責任を規定している。そして、信金法39条は改正前商法254条3項(善管注意義務)、254条の3(忠実義務)の規定を準用しており、理事らの任務懈怠行為は善管注意義務・忠実義務違反の有無によって判断される。

商法上、代表訴訟による取締役らの責任追及については、改正前商法266条1項5号(法令または定款違反の行為)の規定によって争われる。ここでいう「法令」には、善管注意義務・忠実義務についての規定が含まれることはもちろん、「会社を名あて人とし、会社がその業務を行うに際して遵守すべき全ての規定」[3]が含まれる[4]と解されている。そしてこの規定は、債務不履行責任およ

---

1) 本件評釈として、小宮文人「信用金庫労組役員の懲戒解雇無効と代表理事らの善管注意義務・忠実義務違反」労判891号5頁。
2) 弥永真生『リーガルマインド会社法(第9版)』(有斐閣、2005) 228頁。

び過失責任を定めたものとされており，責任を免れようとする取締役の側が，無過失を立証しなければならない[5]。これに対し，善管注意義務（改正前商法254条3項）・忠実義務（改正前商法254条の3）違反の存否については，義務違反についての主張責任は原告が負うとともに，経営判断原則が用いられる傾向にあるため[6]，過失の認定が厳格になされる。

信金法は，法令違反に関する改正前商法266条1項5号を準用していない。もっとも，忠実義務の内容として，法令遵守が含まれていることから[7]，法令違反行為は直ちに，善管注意義務・忠実義務違反の任務懈怠行為となり，取締役が無過失を主張すべきことになる[8]。

3　理事の善管注意義務・忠実義務違反の存否

判旨1(1)は，司法判断によって懲戒解雇が最終的に無効と確定した場合は，当時の客観的事情から，そのような行為を採ったことにつきやむを得ないといえる特段の事情が存在しない限りは，懲戒解雇時において善管注意義務および忠実義務違反を肯定するという立場を示した。判旨の文言上は必ずしも明確ではないが，この判断は，改正前商法266条1項5号に関して用いられる上記の判断基準に準拠した立場であると解される。この点，懲戒解雇の無効は，反社

---

3) 野村證券損失補塡株主代表訴訟・最二小判平12・7・7民集54巻6号1798頁。
4) 訴訟上，改正前商法266条1項5号の「法令」該当性が争われたものとして，前掲注3）・野村證券株主代表訴訟（独禁法違反）やダスキン株主代表訴訟・大阪地判平17・2・9判例時報1889号130頁（食品衛生法）などが挙げられる。
5) 龍田節『会社法（第10版）』（有斐閣，2005）88頁。
6) 事業活動には危険が伴うものであり，事後的な損害の発生により，義務違反を肯定することは，経営の萎縮を招くという観点から用いられる原則であり，決定プロセスの過程が合理的なものであれば，義務違反を否定するという原則。裁判例においても存在し，具体的には，①前提としての事実の認識に不注意な誤りがなかったか否か，②その事実に基づく行為の選択決定に不合理がなかったか否かという観点から過失の存否が認定される。そごう旧取締役損害賠償事件・東京地判平16・9・28判例時報1886号111頁。
7) 改正前商法254条の3は，「取締役ハ法令及定款ノ定並ニ総会ノ決議ヲ遵守シ会社ノ為忠実ニ其ノ職務ヲ遂行スル義務ヲ負フ」と規定しており，法令遵守は忠実義務の一内容として含まれると解されている。
8) 商法改正に伴う会社法（施行：平成17年7月26日）の新設によって，改正前商法266条1項5号にあたる責任は，会社法423条1項の任務懈怠責任として整理された。そして「法令」違反は任務懈怠と解される。弥永・前掲注2）書206頁。

会的な権利の行使を禁止する民法1条3項違反と構成されることから，法令違反行為となり，善管注意義務・忠実義務違反を成立させるという判断は妥当なものである[9]。

しかし，判旨には次のような疑問がある。懲戒解雇の有効性を判断する際に用いられるこれらの一般条項は，抽象的であって，また労使の利益調整という観点から個々の事案に即した判断が行われることから，予測可能性に乏しく，理事らがその成否を事前に判断することは困難である。にもかかわらず，事後的な裁判所の懲戒解雇無効という最終的判断によって理事らに法令違反責任を課すことは，過剰な責任を負わせる結果となるとともに，また理事らの解雇権行使という経営判断を萎縮させる結果となり，妥当ではない。したがって，解雇が事後的に無効と判断されたことから理事らの善管注意義務・忠実義務違反を直結させるのではなく，過失の詳細な認定に基づいて義務違反の成否を判断する必要がある。その際，野村證券損失補填株主代表訴訟が参考になる[10]。この判決は，独禁法違反という法令違反行為があったとしながらも，取締役らが当該行為について法令違反であるという認識可能性を欠いていたとして，結果として義務違反を否定した。上述したように，本件で争われている民法1条3項は抽象性の高い法令であり，予測可能性に乏しいものであることから，行為時における理事らの法令違反についての認識可能性の認定は，より一層重要となろう。判旨のいう特段の事情とは，まさにこの認識可能性の存在に相当するものであり，慎重に検討する必要がある。

このような観点から本判決を検討する。判旨1(2)(3)は，上記特段の事情を

---

9) この点，取締役等への過度の責任負荷を防ぐために，会社・株主の利益保護，会社財産の健全性を狙う実質的意義の会社法と，贈収賄等の公序にかかわる規定以外の法令違反については，善管注意義務違反か否かによって取締役らの責任を判断すべきとする学説も存在する（小林秀之＝近藤光男『新版株主代表訴訟大系』（弘文堂，2002）168頁以下）。この説に立つと，民法1条3項違反については，いわゆる「法令」に該当せず，善管注意義務違反の成否について判断されることになるので，経営判断原則が用いられうる。本稿では，判例（前掲・注3）・野村證券株主代表訴訟）の立場に従って，民法1条3項も「法令」に該当すべきという立場に立つ。後述するように，このような立場に立っても，過失の認定を詳細に行うことによって，取締役等への過度の責任負荷は防ぐことができると考える。

10) 前掲・注3）。

否定する際の要素として，①過去の類似の事例とは異なる過酷な懲戒処分を行ったこと（第一懲戒解雇について），②懲戒処分を行う上で弁明の機会の付与などの十分な調査を尽くしていないこと（第二懲戒解雇について），③それゆえ，両懲戒解雇ともに，信金労組を嫌悪したために行われたものと推認すべきことを挙げている。近年の裁判例を見るに，過去の類似の事例と異なる懲戒権の行使に対してはその効力が否定的に解される傾向にあり[11]，また労働者本人への弁明の機会を付与しないことも懲戒の効力を否定する方向に働く[12]。理事らの負うべき善管注意義務・忠実義務の内容には，内部統制システムを構築すべき義務[13]も内在されており，公正な懲戒制度の構築はその一内容と言えるため，本件のように瑕疵ある懲戒権行使については法令違反の認識可能性を有していたとも評価できよう。また判旨が説くように，不当労働行為については，行為時において，不当労働行為意思が推認されることから，労組法7条違反の認識可能性は肯定されやすくなると考えられる。この点は，不当労働行為についての認識可能性を重視し，善管注意義務・忠実義務違反を肯定した一審の判断とも共通していると言える。

以上から，特段の事情を否定して，Yらの善管注意義務・忠実義務違反を認めた判旨の結論は相当であるが，法令違反行為についての認識可能性という観点からの認定判断はやや不十分であると考える。

4 相当因果関係にある損害について

この点については，一審が，T信金の雇用契約関係を解消するという意思から，労務の対価としての価値を有せず，本件賃金を相当因果関係にある損害とはいえないと判断したのに対し，判旨2はこの判断を明確に否定した。すな

---

11) モルガン・スタンレー・ジャパン（本訴）事件・東京地判平17・4・15労判895号42頁。同一非違行為をなした他の従業員に対しては普通解雇に留めたのに対し，懲戒解雇処分を下したことが考慮され，懲戒権の濫用とされた事例。
12) 長野油機事件・大阪地決平6・11・30労判670号36頁。本人に弁明の機会を付与することは規定の有無を問わず必要であり，しかも実質的に行われるべきという立場として，土田道夫『労働法概説Ⅰ 雇用関係法』（弘文堂，2004）185頁。
13) 大和銀行ニューヨーク支店損失事件株主代表訴訟・大阪地判平12・9・20判時1721号3頁。

わち判旨は，賃金は，労働の対価であり，労務の提供を受けずしての賃金支払いを正当とする事情が認められない限りは，原則として，賃金相当分の損害が使用者側に生ずると判断している。

　一審によると，理事側に雇用契約関係を解消する意思が存在する限りは，信金に損害が発生しないことになるが，このような判断は支持できない。一般的に，反対給付を得ずして賃金を支払い続けることは，会社にとっての損害と判断せざるをえず，損害の認定が当事者の主観的意思によって左右されることは妥当ではない。それゆえ，判旨は適切と解される。

　しかし，判旨が懲戒解雇時におけるYらの善管注意義務・忠実義務違反から直ちに，就労を受けるまでに支払われた全ての賃金相当額を損害と認定した点には疑問を感じる。なぜなら，労働者に就労請求権が原則的に肯定されていない我が国においては，使用者は法規制に反しない範囲において，賃金を支払いながら労働者を就労させないことも当然許容される。例えば，休職や業務命令による自宅待機命令などは人事権の濫用とされない限りは許容され，その場合の賃金相当額は会社に対する損害とはならない[14]。したがって，賃金相当額を相当因果関係にある損害として認定する際には，Gの懲戒解雇とは別に，Gを就労させなかったことについての，善管注意義務・忠実義務違反が存在するか否かの詳細な検討が別途必要であろう。この点，一審は，Gを就労させなかったことについてのYらの善管注意義務・忠実義務違反を，仮処分命令後，救済命令後という二つの時期に分けて検討しており，判旨より精緻な判断として評価できる。一方，判旨は，就労させないことについての「正当とする事情」があれば賃金相当分が使用者の損害とはならない余地を認めているが，その点に関する具体的判断がなく検討不十分であると考える[15]。

---

[14]　自宅待機命令の例として，ネッスル事件・東京高判平2・11・28労民41巻6号980頁。

[15]　なお，高裁判断の述べるところの，「正当とする事情」とは，義務違反の存在を肯定しつつ相当因果関係にない事情の存在を示すのか，もしくは，そもそも義務違反の範囲外である事情を示すのかは判然としない。一審が，就労させないことについての義務違反を別途考慮しているにもかかわらず，高裁はそのような判断枠組みを採用しなかったことから，前者の立場にあるともいえようが，不明瞭であり，「正当とする事情」についての詳細な説明が必要であったと考える。

このような立場から本件について検討を加える。確かに，Gの処分対象は，過剰現金の発生ならびに不法領得という信用金庫にとっては軽視できないものであるから，被害の拡大の防止および最終的勝訴の可能性という観点からGの就労を拒絶することについては一応の合理性が認められる（このことは，一審が指摘する点である）。しかし，過去において類似の非違行為を懲戒の対象としていなかったにもかかわらず，十分な調査も行わずに，組合員であるGに対しては最も過酷な懲戒解雇という選択を行った理事らの行為は，理事らの内部統制システムを構築すべき義務に著しく反していること，本件では，組合嫌悪の意図が比較的強く推認されることを考えると，Gを就労させなかったことについての善管注意義務・忠実義務違反は，結局これを肯定すべきであると考える。さらに，本件救済命令発令後は，労働委員会規則45条1項に基づき，理事らにはGの就労を受領すべき公法上の義務が発生することから，その義務の不履行は，善管注意義務・忠実義務違反を構成するといえよう。したがって，結論としては判旨相当と考える。[16]

Ⅳ　おわりに

本判決（判旨1）のように，後の裁判による懲戒解雇の無効が直ちに理事らの善管注意義務・忠実義務違反となる解釈を文言通りに採ることは，経営者の経営判断を萎縮させることになり妥当ではない。それゆえ，任務懈怠責任についての過失の認定は慎重に行われる必要がある。本判決の射程は一見，懲戒解雇全般に及ぶようにもとれるが，以上検討したように，慎重な過失の認定によって，その射程を制限すべきであろう。特に本件では，不当労働行為という事

---

[16] この点，後の行政判断，司法判断によって不当労働行為と判断され，解雇時に不当労働行為意思が推認されることから，直ちに解雇時から復職をさせるまでの全ての賃金相当額を会社に対する損害と認定することは，使用者の経営判断（解雇権の行使）を過度に萎縮させる結果となる。それゆえ，懲戒権の行使がなされ，事後的に不当労働行為とされても，動機の競合が認められる微妙なケースにおいて，労働者を就労させないことに十分な合理的理由がある場合は，行政救済命令が発令されるまでの期間については損害額と認定すべきではない。もっとも，行政救済命令発令後については，公法上の義務が発生することから，就労させないことには合理性がなく，直ちに義務違反が肯定される。

情が強い影響を与えたものと捉えるのが妥当である。

　株主代表訴訟・会員代表訴訟においては，事後的に会員または株主となって訴訟提起をすることも許されており，今後，労働組合などによる同種の訴訟提起の可能性が考えられる。確かにこれらの訴訟提起は，企業の法令遵守を促す上で重要であるが，他方，その限界を適切に画さなければ，濫訴の危険性，ならびに不当な経営萎縮へとつながる。それゆえ，過失の認定を慎重に行い，代表者らの責任の範囲を制限する必要性が高い。このような限定を加えることを前提に，本判決は，企業経営者に対する法令遵守を促す上で，有意義な判断であると考える。

　　　　　　　　　　　　　　　　　　　　　（あまの　しんすけ）

業務の外部委託に伴う契約期間途中の解雇およひ雇止めの効力

——ネスレコンフェクショナリー関西支店事件・大阪地判
平17・3・30労判892号5頁——

金 井 幸 子

(名古屋大学大学院)

I 事実の概要

(1) 被告Y社は，菓子類の製造，輸入，輸出，販売等を業とする会社である。原告X_1～X_5は，Y社に雇用期間を1年と定めて雇用され，Y社関西支店に勤務し，Y社の販売する菓子類をスーパーマーケット等で販売促進する業務(MD業務)を担当していた。同様の雇用契約が，X_1は平成7年9月から7回，X_2は平成4年2月から11回，X_3は平成4年4月から11回，X_4は平成12年7月から3回，X_5は平成14年9月から1回，それぞれ更新されてきた。

(2) Y社は，Xらとの契約書において，Xらが従事する業務がMD業務であるとしながら，Y社が業務の都合により，業務および職種の変更を命じることがある旨を定めていた。勤務場所についても，関西支店管轄内の市町村等と特定されていたが，Y社が業務上の理由により，勤務場所の変更を命ずることができるとされていた。また，契約期間については1年とされていたが，XらまたはY社の都合により，契約期間内においても解約することができるとの条項(本件解約条項)が設けられていた。そして，Xらにも適用がある就業規則31条1項には，「経営不振，業務の整理縮小，その他やむを得ない事由により冗員となったとき」には解雇するとの規定があった。

(3) Y社は，競争が激化する菓子市場で売り上げを伸ばすために，訴外A社にMD業務を外部委託することを決定した。そこで，Y社は，平成15年5月28日に説明会を開催し，Xらに対して契約期間の途中である同年6月30日

をもって解雇するとの意思表示（本件解雇）をすると同時に，Y社は，Xらに対し，同年7月1日からA社との業務委託契約の締結を斡旋した。また，Y社は，同年6月23日付けで，Xらに対し，予備的にそれぞれの雇用期間満了日において本件各契約の更新をしない旨（本件雇止め）通知した。A社は同年7月1日から関西支店の管轄エリアにおいて業務を開始した。

(4) そこでXらはY社に対して，Y社による契約期間中の本件解雇またはその満了による本件雇止めは解雇権濫用法理の適用または類推適用により無効であるとして，雇用契約上の権利を有する地位にあることの確認を求めて提訴した。

II 判　　旨

〔請求一部認容〕

1　本件解約条項が民法628条に反し無効であるか否か

「民法は，雇用契約の当事者を長期に束縛することは公益に反するとの趣旨から，期間の定めのない契約については何時でも解約申入れをすることができる旨を定める（同法627条）とともに，当事者間で前記解約申入れを排除する期間を原則として5年を上限として定めることができ（同法626条），同法628条は，その場合においても，『已ムコトヲ得サル事由』がある場合には解除することができる旨を定めている。

そうすると，民法628条は，一定の期間解約申入れを排除する旨の定めのある雇用契約においても，前記事由がある場合に当事者の解除権を保障したものといえるから，解除事由をより厳格にする当事者間の合意は，同条の趣旨に反し無効というべきであり，その点において同条は強行規定というべきであるが，同条は当事者においてより前記解除事由を緩やかにする合意をすることまで禁じる趣旨とは解し難い。

したがって，本件解約条項は，解除事由を『已ムコトヲ得サル事由』よりも緩やかにする合意であるから，民法628条に違反するとはいえない。

この点，Xらは……民法628条は労働者が期間中に解雇されないとの利益を

付与したものであると主張するが，それは，むしろ民法626条の趣旨というべきであり，民法628条は合意による解約権の一律排除を緩和するために置かれた規定と解すべきであるから，Xらの主張は採用することができない。

また，雇用期間を信頼した労働者保護の要請については，解雇権濫用の法理を適用することにより考慮することができるから，このように解したとしても不当な結果を招来するわけではない。」

2 本件解雇の有効性

(1) 雇用期間の定めのあるXらにも解雇事由を定めた就業規則31条1項が適用されるゆえに，「期間の定めのある雇用契約を締結しているXらにおいても，期間満了時までは，正規従業員と同様，就業規則31条1項が限定列挙している所定の解雇事由がなければ解雇されないという点で，雇用契約関係が継続することの合理的な期待が存在するというべきであるから」解雇権濫用法理が適用される。

(2) 本件においては，① MD 業務の外注化が不可避であったとまではいい難く，本件業務委託は未だ試験的な実施の域を出ていないとも評価でき，「その経営上の必要性の程度が本件各契約の期間満了を待たずに本件解雇を直ちに実施しなければならないほど高かったとはいえない」こと，②配転により解雇を回避する可能性があったにもかかわらずそれを行わなかったこと，③ Y 社は，Xらに対し本件解雇に至る経緯について何ら説明を行っていないことから，本件解雇は，「客観的に合理的な理由を欠き，社会通念上相当として是認することはできず，無効である」。

3 本件雇止めの有効性

(1) 本件各契約が期間の定めのない契約と異ならない状態で存続していたということはできないが，MD 業務の重要性，契約更新の状況・回数，契約更新手続，入社面接の際の担当者の発言等から，Xらが契約更新の期待を抱くことに合理的な理由があったというべきであるから，雇止めには解雇権濫用法理を類推適用するのが相当である。

(2) 本件においては、Y社が早急に従業員の人員を削減しなければならないほどの客観的事情は認められないし、配転等により雇止めを回避する措置もとっておらず、Xらとの協議も不十分であった。したがって、「本件雇止めについても、Y社が本件業務委託の対象を関西支社とした点の合理性について判断するまでもなく、客観的に合理的な理由を欠き、社会通念上相当として是認することはできず、権利の濫用として無効である」。

Ⅲ　検　　討

1　本判決の特徴

　本件は、業務の外部委託に伴い有期（期間の定めある労働契約）雇用労働者に対して行われた期間途中の解雇および期間満了による雇止めの可否が争われた事案である。本件の主な争点は、①本件解雇は有効か、②本件雇止めは有効かであるが、①に関してはさらに、①―a）本件中途解約条項が民法628条に反し無効であるか、①―b）同条項が有効であるとしても、本件解雇には解雇権濫用法理の適用がないのか、が争点となっている。本判決は、①―a）について同条項を有効とし、①―b）の点で解雇権濫用法理の適用があるとして本件解雇を無効とし、②について本件雇止めを無効と判断している。評者は、①の結論に賛成であるが、その論理構成には異論があり、また②についても若干疑問がある。以下では、①を中心に検討してみたい。

　①―a）と同様の問題を扱った過去の裁判例としては、安川電機八幡工場（パート解雇）事件[1]とモーブッサンジャパン（マーケティング・コンサルタント）事件[2]がある。安川電機八幡工場事件では、3ヶ月の雇用期間を定めて雇用された労働者に対する、就業規則の「事業の縮小その他やむを得ない事由が発生したとき」には期間中でも解雇する旨の規定に基づいてなされた解雇の有効性が争われた。同判決は、期間の定めのある労働契約の場合は、民法628条により、

1）　仮処分・福岡高決平14・9・18労判840号52頁、本訴・福岡地小倉支判平16・5・11労判879号71頁。
2）　東京地判平15・4・28労判854号49頁。

原則として解除はできず，やむことを得ざる事由ある時に限り，期間内の解除ができるにとどまるから，就業規則の解除事由の解釈にあたっても，当該解雇が雇用期間の中途でなされなければならないほどのやむを得ない事由の発生が必要であるとして，解雇を無効とした。また，契約期間中であっても30日前の予告があればいつでも解雇できる旨の契約上の合意に基づく期間途中の解雇が争われたモーブッサンジャパン事件も，当該合意の効力には言及していないものの，契約期間中の解雇にやむを得ない事由を求め，解雇を無効と判断した。しかし，民法628条がなぜやむを得ない事由のない限り期間内の解約を認めないのか，その明確な根拠については論じていない。

この2つの裁判例は，論拠は必ずしも明確ではないが，有期雇用契約の期間途中の解雇については，民法628条によりやむを得ない事由がない限り許されないとしていた。ところが，本判決は，これとは異なり，中途解約条項は民法628条に違反しないとしながら，他方で，解雇権濫用法理を適用し，整理解雇の有効性を厳格に判断して，本件解雇と本件雇止めを無効と判断している。結論は同じであるが，論理構成が異なっている。

2 契約期間途中の解雇の有効性

(1) 問題の所在

本判決は，判旨1において，民法628条の趣旨は，期間の定めのある雇用契約においてもやむを得ない事由がある場合には当事者の解除権を保障するものと解し，解除事由をより厳格にする合意は無効となるが，解除事由を緩やかに合意することまで禁じるものではないとし，本件中途解約条項は民法628条に反しないと判示している。しかし，判旨2において本件解雇には解雇権濫用法理が適用されるとして，それにしたがって本件解雇の有効性を判断している[3]。本判決に対しては，民法628条は労働者の雇用保障を規定したものであり，労働者保護機能を見落としていると批判し，同条について使用者の解約権行使を制限する強行法規であるとする見解がある[4]。いずれにしても，本件判旨のよう

---

3) 本件判旨の理論構成に賛成するものとして，篠原信貴「業務の外部委託を理由とする雇用契約期間中の解雇・雇止めの効力」労判893号10頁。

に民法628条が適用されず,中途解約条項が有効となるとすると,期間の定めのある労働契約における期間設定の意味が失われかねない。

(2) 民法628条の立法趣旨

民法628条は,雇用の継続すべき期間を定めたときでも,「やむを得ない事由」があれば,期間途中にかつ予告なしに,即時解除を認める規定である[5]。契約に期間の定めがある場合にも解除ができることの意味は何か。

本条の立法理由をみると,やむを得ない事由のある場合に雇用を継続するのは不可能であり,また,当事者の意思に反することがあることから,契約の解除ができないとしてはならないとされる[6]。また,民法学説においても,その趣旨は,労働者の自由を重んじ,使用者が有益に労働者の労務を利用するためとされたり[7],当事者の一方をしてこの期間まで雇用契約に拘束しておくことが酷であるようなとき,契約の解除をすることができるものとされる[8]。そうすると,契約からの離脱を一切認めないような特約を禁止するという意味において,本条は強行規定であるといえる[9]。前述した,本条を雇用保障の観点から中途解約特約は設定できないという意味での強行規定であるとみるべきとの理解は,立法趣旨からは読み取ることができない。

それでは逆に,民法628条は解約事由を緩和することを許容するという意味で任意規定と解すべきであろうか。本件判旨はこれを肯定している。論拠は明らかではないが,おそらく契約自由の原則から,本件解約条項を設定することも自由と考えたのであろう。しかし,同条の立法理由からは,このように言い切れるかは明らかでない。

---

4) 根本到「有期契約期間途中の解雇と民法628条の強行法規性——ネスレコンフェクショナリー事件・大阪地裁判決を素材として」労旬1601号15頁,田窪五朗ほか「外注化を理由とする解雇・雇止めが無効とされた事例」労旬1601号5頁以下。
5) 即時解雇に関しては労基法20条の適用があるから,本条がそのまま適用されるわけではないが,この点には触れない。
6) 岡松参太郎『註釈民法理由下巻(改訂9版)』(有斐閣書房・1899年)246頁,法典調査会編『民法議事速記録第4巻』(1894年)62頁以下。
7) 梅謙次郎『民法要義3債権編』(有斐閣書房・1898年)696頁。
8) 星野英一『民法概論IV(契約)』(良書普及会・1994年)251頁。
9) 川島武宜ほか編『新版注釈民法(3)総則(3)』(有斐閣・2003年)223頁以下〔森田修〕は,この意味で民法628条を強行規定の一例として挙げている。

(3) 有期契約と解雇規制

　この問題については，結局は労基法等を含めた解約，とりわけ解雇に関する法規制の解釈に委ねるしかないであろう。その際に考慮すべきは，契約に期間を定めることの労働者にとっての意義と労働法制における解雇規制についてである。[10]

　労働契約に期間を設定するとは，労働者にとってはその間の雇用が保障されること，その半面でこの間は強い拘束を受けることを意味している。それゆえ労基法14条は，後者の面から拘束が長期に及ぶことの弊害を除去するために，有期労働契約の期間を制限している。

　他方で使用者からの解約（解雇）については，労基法18条の2が，いわゆる解雇権濫用という形で規制を設けている（従来は判例法理で）。同条の文言上，この解雇規制は，期間の定めの有無によって異ならない。しかし，「客観的に合理的」で「社会通念上相当」であると認められる理由が，期間の定めのある場合の解雇と定めのない場合の解雇とで同じであると解することは，雇用の終了と存続に関する当事者の期待の違いを考えると，妥当ではない。期間の定めのある場合の解雇を正当化する理由については，期間の定めのない場合の解雇以上に厳格でなければならない。本判決からはこの点が明確ではない。つまり，前者の解雇の正当事由は，後者のそれに加えて期間の満了を待てない事由を必要とすると解さざるをえない。それは，表現を変えれば，民法628条の「やむことを得ない事由」ということになるのであろう。こうして，論理は循環論法に陥る。こうした矛盾を回避する方策は，民法628条を，使用者の側からの中途解約については強行規定と解することしかない。

　以上のことから，民法628条は次の2つの意味において強行規定と解すべきことになる。第一に，本条の本来の立法趣旨あるいは本件判旨の通り，「解除事由をより厳格にする当事者間の合意」を禁止するという意味での強行規定で

---

10) なお以下では，民法上の雇用契約と労基法上の労働契約とは同一の契約類型であるとの解釈を前提にしている。これについては，下井隆史『労働契約法の理論』（有斐閣・1985年）47頁以下，土田道夫『労務指揮権の現代的展開』（信山社・1999年）317頁，東京大学労働法研究会『注釈労働基準法上巻』（有斐閣・2003年）185頁等を参照。

ある。これに加え，第二に，解除事由を緩和する特約についても，これを使用者側が設定することを禁止するという意味での強行規定である[11]。それゆえ，労働者側では解除事由を緩和することが可能であり，退職の自由は保障される。換言すると，民法628条は，使用者の側ではやむを得ない事由のある場合を除いた中途解約の全面的禁止の強行規定であり，労働者の側では解除事由を厳格にする特約のみが禁止されるいわば片面的な強行規定である。

このように考えると，使用者が設定した中途解約条項を有効とした本判決には疑問がある。むしろ，有期契約の期間途中の解雇については，民法628条からストレートに，期間の満了を待てないほどのやむを得ない事由の発生が必要であるとの解釈を導くのが適切であろう[12]。

3 雇止めの有効性

判旨3(1)は，本件各契約につき，実質的に期限の定めのない契約と異ならない状態にあるといえる場合ではないが，雇用継続の合理的期待があるとして解雇権濫用法理を類推適用できると解する。これは，この問題の先例である東芝柳町工場事件判決[13]と日立メディコ事件判決[14]のうち，後者に依拠したものである。しかし，X_1〜X_5それぞれのケースは，すべて日立メディコ事件判決の判断枠組みで処理できるのであろうか。1年間の雇用契約を，X_1は7回，$X_2 X_3$は11回更新されており，東芝柳町工場事件の5〜23回の更新，雇用期間5年8ヶ月に匹敵し，また，雇用継続を期待させる言動，ルーズな更新手続という認定事実でも同事件に近い。他方，X_4の場合は，1年間の契約が3回更新されている点で，日立メディコ事件の更新5回，雇用期間10ヶ月と大きな差はなく，また，雇用継続を期待させる言動の認定もなく，更新前に雇用継続の意思の確

---

11) 菅野和夫『労働法〔第7版〕』（弘文堂・2005年）166頁も参照。
12) 「今後の労働契約法制の在り方に関する研究会報告書」（2005年9月15日）72頁以下は，有期契約労働者の契約期間内の解雇については，民法628条に基づきやむを得ない事由が必要であるが，必ずしもこの規定が周知されていないとする。本判決を批判する趣旨を含むものといえよう。
13) 最一小判昭49・7・22民集28巻5号927頁。
14) 最一小判昭61・12・4労判486号6頁。

認があった点でも同事件に近い。契約更新が1回だけのX₅については，どちらの枠組みにも属さないといえよう。従来の裁判例では，更新1回の場合，解雇権濫用法理の適用は認められない傾向にある。1回の更新でも雇止めを認めない事例もあるが，契約締結時から雇用継続が明確に予定されているなどの事実の認定がある場合である。だが，本件では，X₅につき特にそのような事情は考慮されていない。このように，本判決は，採用，更新時の状況，更新回数などにつきX₁～X₅間で著しい状況の差異があるにもかかわらず，これを何ら考慮していない点に問題がある。

　以上を踏まえると，判旨3(2)の雇止めの有効性判断について疑問が残る。本判決は，余剰人員整理を目的とした雇止めに，整理解雇法理を，本件の具体的状況に即して類推適用したものである。そして，Xらと正規従業員との差異は過大に強調されるべきでないとして厳格な判断をしている。この厳格判断は，期間の定めのない契約と異ならないといえるX₁～X₃については妥当である。しかし，雇用継続の合理的期待があるにすぎないといえるX₄については，やや厳格に過ぎると思われ，判断基準は一定程度緩和されるべきであろう。また，X₅については，更新回数が1回であることを考えると，雇用継続の期待はより薄く，判断基準もより緩和されてよいのではないだろうか。

（かない　さちこ）

---

15) 龍神タクシー事件・和歌山地田辺支決平2・5・1労判581号43頁，松下電器産業（外国人技術者）事件・大阪地決平2・8・29労判571号24頁等。
16) 龍神タクシー事件・大阪高判平3・1・16労判581号36頁。

《特別企画》
労働法教育の今日的課題

労働法教育の課題	道幸　哲也
労働法研究者の養成教育	島田　陽一
法科大学院における労働法教育	石田　眞
学部レベルにおける労働法教育	菊池　高志
労働組合における労働法教育 　　――労働者の権利状況と権利教育――	高橋　均

労働法教育の課題

道 幸 哲 也

(北海道大学)

　労働法教育とは，労働法をどう教えるかの問題であり，教育の対象になる者の特性により，なぜ，なにを，どのように教えるかが論点となる。本企画の総論となる本稿においては，Ⅰ，Ⅱにおいて，労働法教育の全体像を，Ⅲにおいて，以下の論文において取り上げられていない市民もしくは学校レベルの労働法教育について検討したい。

Ⅰ　なぜ労働法「教育」が問題になってきたか

　まず確認すべきことは，労働法教育のあり方を問題にする主体・フィールドがもっぱら大学や学会であることである[1]。学校現場や国民・市民レベルではそのような問題関心さえ希薄である。本企画自体もそのような構想になっている。では，なぜ最近労働法「教育」が問題になってきたか。

　直接の原因は，法科大学院制度の確立によって大学における実務教育の必要性が高まったからといえる。つまり，新司法試験対策として，教育スキルが重視されるようになった。もっとも，実務経験がなく，試験対策にも慣れていない教員にとって試験対策レベルの教育スキルの獲得は大変であり，現在試行錯誤の状況である。教員だけではなく，ロースクール生自体も試験対策で一杯であり学習のあり方まで考える余裕がない。現状には多くの問題がある[2]。

　教育のニーズが高まったその他の原因の１つとして，労働紛争が身近になっ

---

1) シンポジウム「労働事件の専門性と労働法教育」，中窪裕也・山川隆一「労働事件の専門性と労働法教育」，村中孝史「労働法教育の課題と展望」いずれも学会誌100号99頁（2002年）参照。

たことがあげられる。まず，景気の悪化から労働条件の不利益変更事案や雇用終了をめぐる紛争が増加するとともに，労働関係につき新立法や抜本的な法改正が頻繁になされている。それだけ法的知識の必要性が高まったといえる。同時に，組合の影響力の低下，企業内における自主的紛争解決能力の弱体化等によって，個々の労働者がそれぞれ自分だけで権利を守ることが必要になっている。まさに自己責任が正面から問われているわけである。

その二として，紛争解決システムの整備に伴いその担い手に対する教育の必要性が高まったことがあげられる。つまり，労働局や労働委員会における個別あっせん制度の形成，2006年4月から施行された労働審判制度等によってその担い手たるパラリーガル層が増加し，かれらの教育は緊急の課題になっている。同時に，これらの仕事に関連する労働基準監督官，労働相談員や社労士等の教育ニーズも高まっている。かれらを対象とした労働法教育においては，法知識とともにコミュニケーション能力等の育成も必要とされよう。[3]

その三として，裁判員制度の導入等に伴い一般的に法教育のニーズが高まったこともあげられる。[4] さらに，伝統的にはかなり整備されていた職業教育においてもワークルール的側面からの見直しもなされ始めている。勤労意欲・職業教育だけでは職場の定着は困難といえるからである。

---

2) 石田眞「法科大学院における労働法教育」本号，塚原英治「法科大学院における労働法教育」，中山滋夫「司法修習教育及び継続教育と労働法」いずれも学会誌100号118頁（2002年），永野秀雄「法科大学院における労働法・社会保障法教育のあり方」労働法律旬報1536号45頁（2002年），座談会（野田進，橋本陽子，三井正信，盛誠吾，山田省三，吉田美喜夫，和田肇）「法科大学院における労働法教育」学会誌105号159頁（2005年），渡辺章「法科大学院と労働法」中央労働時報1034号2頁（2004年），等参照。
3) 相談能力については，奥村哲史「紛争解決のための組織の公正と『話し合いの』の技術」日本労働研究雑誌546号（2006年），ウイリアム・L・ユーリ，ジーン・M・ブレット，ステファン・B・ゴールドバーグ『「話し合い」の技術』（2002年，白桃書房）等参照。
4) 法教育については，佐藤忠男『学習権の論理』（1973年，平凡社），全国法教育ネットワーク編『法教育の可能性』（2001年，現代人文社），関東弁護士会連合会編『法教育』（2002年，現代人文社），特集「法教育の充実をめざして」ジュリスト1266号（2004年）等参照。

Ⅱ 労働法教育のパターンと特徴

まず,実際にどのように労働法教育がなされているかを確認したい。概ね次の5つのパターンを指摘しうる。

その一は,学校教育レベルであり,特に,高校の公民において学ばれている。教科科目以外では,総合学習や進路指導でも取り上げられることがある。

その二は,職業教育レベルであり,主に職業高校・専門学校等において学校教育の一環として学ぶ。最近は,就職前教育として独自の試みもなされている。もっぱら就職のための教育であり,権利教育的側面は希薄といえる。

その三は,就職した後の社員教育・組合員教育レベルである。権利教育的側面では組合員教育が重要であるが,実際にはそれほど実施されていない。

その四は,大学教育レベルであり,労働法の体系的教育がなされる。専門基礎的な側面と働く市民向けという2つの側面がある。[5]

その五は,専門家教育レベルであり,大学院教育が中心となる。弁護士や労働法に関連するパラリーガル,さらに研究者に対する教育である。[6]

以上のようにとらえると労働法教育につき基本的に2つの型があることが判明する。働く市民を対象とする教育と専門職に対する教育である。前者に関しては,基盤としての学校教育をふまえて働く主体たる組合員・従業員に対する教育さらに大学教育において一定の法的ルールが教えられる。

後者に関しては,まず基盤としての大学教育をふまえて法科大学院等において実務レベルの教育,また研究大学院において研究者レベルの教育がなされる。パラリーガル層に対しては大学院におけるリカーレント教育のニーズが高まっている。労働法教育といえば,通常は後者のような教育が想定されている。

全体として,労働法教育につき次のような特徴があると指摘しうる。

第一に,働く市民レベルの労働法教育についてはほとんど議論されず,制度

---

5) 菊池高志「学部レベルにおける労働法教育」本号参照。
6) 島田陽一「労働法研究者の養成教育」本号,西谷敏「法学の将来と若手研究者」法の科学35号(2005年)4頁等参照。

特別企画①

的にもきわめて不十分である。今回の企画でも独立した項目として取り上げていない。市民教育レベルに着目すると労働法に関する知識とともに気構えの教育も不可欠といえる。この点のノウハウの蓄積は，法教育の共通の課題と思われる。

第二に，大学教育については2つの側面がある。つまり，働く市民を対象とする専門教育という側面と専門教育の基礎としての部分である。どちらにウエイトを置くかによってそのあり方が変化するかもしれない。

第三に，専門家レベルについては，法科大学院におけるそれを中心に教育論議が盛んであり，専門の教材も作成されている。もっとも，基本的には司法試験対策なので，自立した判断主体の形成の点では必ずしも十分かつ適切な教育は困難と思われる。学生にとってそのようなニーズや余裕はないかもしれない。さらに，労働法の前提となる労使関係・労務管理の知識をどこで獲得するか，紛争を適切に処理する資質をどう養成しうるかという問題もある。このような要請は大学教育にとっても基本的に当てはまる。

第四に，研究者レベルについては体制・要請のためのマンパワー・将来展望の点でまさに危機的状況といえる。

Ⅲ 市民レベルの労働法教育

通常の市民が権利主張をする前提として，主張者が権利内容を的確に知っていることが必要である。労働法上の権利についてもまったく同様であるが，実際には労働法の知識は驚くほど貧弱である[7]。労働相談や個別あっせんの経験を通じて痛感される。今後，職場においても自己責任が強く要請されるようになることが予想されるにもかかわらず，自分（達）を守るために労働法の知識を獲得すべきであるという社会的要求は現在でもあまりない。実際にも学校教育や社会教育において，十分な教育はなされていないばかりか，そのような教育

---

7) 組合員の法的知識については，原ひろみ・佐藤博樹「労働組合支持に何が影響を与えるのか──労働者の権利に関する理解に着目して」日本労働研究雑誌532号（2004年），連合総合生活開発研究所『第5回勤労者の仕事と暮らしについてのアンケート』参照。

をすべきであるという問題関心にさえ欠ける。最近では，むしろ権利主張を行う人間を排除する危い傾向さえみられる。

　他方，若年者の失業率の上昇やフリーター化，さらにニートの出現に関しては社会的に大きな注目を浴びており対応策につき活発な論議がなされている。キャリア形成のために学校教育[8]や雇用促進[9]につき多様な試みがなされている。たしかに勤労意識の涵養やキャリア形成の必要性は否定しがたい。しかし，職場における権利やワークルールを全く無視して勤労意欲の側面だけが強調されることはやはり異常である。権利が守られるということは「働くこと」の前提であり，営々と築き上げられてきた「文化」でもあるからに他ならない。生きる力は，職業能力だけではなく，権利主張能力をも含むものと思われる[10]。同時に，民主主義の担い手となる市民教育という側面も見逃せない[11]。そこで，ここでは学校レベルにおける労働法教育の実態と問題点を指摘したい。

1　学校教育

　仕事や労働についての教育は小学校や中学校（公民・家庭・総合学習）でもなされているが，ある程度体系的に展開されているのは高校段階である。そこでは，社会人としての資質涵養の観点から，豊かな人間性や基礎・基本を身に付

---

8)　学校教育と職業との連関については最近以下のように活発な論議がなされている。たとえば，竹内常一・高生研編『揺らぐ〈学校から仕事へ〉』（2002年，青木書店），中野育男『学校から職業への迷走』（2002年，専修大出版局），安田雪『働きたいのに　高校生就職難の社会構造』（2003年，勁草書房），特集「キャリア教育に求められるもの」ビジネス・レーバー・トレンド2004年7月号等参照。

9)　たとえば，厚労省職業能力開発局「若年者キャリア支援研究会報告書（2003年9月）」労働法律旬報1565号38頁等。全体の流れについては，児美川孝一郎「若者の就労をめぐる問題と社会的自立支援の課題」賃金と社会保障1047号（2005年）4頁等参照。

10)　知的基盤整備の必要性については，拙著『成果主義時代のワークルール』（2005年，旬報社）69頁以下参照。また，教材の例として，新谷威・笹山尚人・前澤檀『中学　高校「働くルール」の学習』（2005年，きょういくネット）等がある。

11)　平成14年4月19日法務省・文科省告示1号「人権教育・啓発に関する基本計画」は，女性，子供，高齢者，障害者等を対象課題としているが，労働問題についてはほどんと取り上げられていない。その具体的内容については，法務省・文部科学省編『平成17年版　人権教育・啓発白書』（2005年，国立印刷局）参照。また，市民教育については，志水宏吉『学力を育てる』（2005年，岩波新書），池田寛『人権教育の未来』（2005年，解放出版社）等参照。

特別企画①

けさせ，個性を生かし，自ら学び自ら考える力などの「生きる力」を培う（平成11年３月告示高等学校学習指導要領第１章総則・第１款教育課程編成の一般方針参照）ことが強調されている。具体的には，①普通教育における教科・科目での学習，②総合的な学習の時間での学習が中心となり，授業以外にも職場体験学習・インターシップも重視されている。また，③進路指導においても一定の労働教育がなされている。

普通教育における学習は，公民科を中心とする。「現代社会」では，「現代の経済社会と経済活動の在り方」において「雇用と労働問題」として論じられている。「倫理」では「現代に生きる人間の倫理」において「社会参加と奉仕」「自己実現と幸福」として取り上げられている。「政治・経済」では，「現代社会の諸課題」において「労使関係と労働市場」として論じられている。もっとも詳細なのは「政治・経済」であり，わが国の労使関係の特徴や労働問題の展開等を検討しており，職場における労働者の権利・義務についてまで対象としている例もある。また，「家庭科」でも身近な形で労働問題を検討している。以上の普通教育以外に，職業教育課程においても労働の問題が論じられている。学習指導要領では，実験，実習，就業体験が重視されている（11頁）。

実際的な労働教育の機会として総合的な学習も注目される。総合学習の趣旨は，「地域や学校，生徒の実態等に応じて，横断的・総合的な学習や生徒の興味・関心等に基づく学習など創意工夫を生かした教育活動を行うもの」とされる。具体的なテーマは，国際理解，情報，環境，福祉・健康が多いが，自己の在り方生き方や進路について考察する学習活動もなされている。たとえば，「ライフプラン」として社会人へのインタビューを通じる職業理解やインターンシップが試みられている。

進路指導，とくに高校におけるそれは，大学等の受験対策とともに職業指導・就職指導としてもなされている。最近では進学指導も就職を念頭に置いた指導という側面が重視されている。学校教育法も高校の教育目標の一として，「社会において果たさなければならない使命の自覚に基き，個性に応じて将来の進路を決定」させるべきことをあげている（42条２号）。

以上の諸学習以外にも，学校行事や生徒会活動等の特別活動を通じて「望ま

しい勤労観・職業観」の育成につとめている。それらを総合したキャリア教育の重要性は最近強調されている。たとえば，「キャリア教育の推進に関する総合的調査研究協力者会議報告書」(2004年1月)は，キャリア教育が求められる背景として，学校から社会への移行をめぐる課題として，①就職・就業をめぐる環境の激変，②若年自身の資質（勤労観・職業観の未熟さ）を，子供達の生活・意識の変容として，③成長・発達上の課題（精神的・社会的な自立のおくれ），④高学歴社会におけるモラトリアム傾向を，あげている。また，キャリア教育の基本的方向として，①一人一人のキャリア発達への支援，②「働くこと」への関心・意欲の高揚と学習意欲の向上，③職業人としての資質・能力を高める指導の充実，④自立意識の涵養と豊かな人間性の育成，をあげている。具体的方策として「社会や経済の仕組みについての現実的理解の促進等」などが示され，権利教育の必要性について，「労働者としての権利・義務，相談機関等に関する情報・知識などの最低限の知識の習得」もあげられている。「最低限の知識」というのが印象的である。具体的には，「キャリアを積み上げていく上で最低限持っていなければならない知識，例えば労働者（アルバイター，パートタイマー等を含む）としての権利や義務，雇用契約の法的意味，求人情報の獲得方法，権利侵害等への対処方法，相談機関等に関する情報や知識等」の習得を重視している。

　それをうけて政府は2003年6月に「若者自立・挑戦プラン」をとりまとめ，文科省ではその一環としてキャリア教育総合計画として，①小学校段階からの勤労観，職業観の醸成，②企業実習と組み合わせた教育の実施，③フリーターの再教育，④高度な専門能力の養成，等の実施を試みている。

　キャリア教育の必要性は，文科省以外に厚労省においても強調されている。「若年者キャリア支援研究会報告書」(2003年9月)は，若年者に対するキャリア形成支援施策として，①雇用機会や実習機会の拡大，②労働市場システムの整備，③多様な教育訓練機会の確保，④職業観，勤労観の醸成，をあげている。ここでは，キャリア形成のみが重視され，労働に伴う権利については問題関心すら示されていない。同時に，労働組合についてもまったく期待がされていないのが注目される。その後2005年6月に内閣府から「若者の包括的な自立支援

特別企画①

方策に関する検討会報告」（賃金と社会保障1407号26頁以下）が出され，学校における取組として，「高校卒業段階を目標に社会の中で権利義務の行使ができるよう現実的な能力を身に付けさせ」ることが指摘されている。

2 社会教育

教育基本法はその7条1項において，「家庭教育及び勤労の場所その他社会において行われる教育は，国及び地方公共団体によって奨励されなければならない」として社会教育の重要性を指摘している。また，社会教育法5条8号は，市町村の教育委員会の事務として，「職業教育及び産業に関する科学技術指導のための集会の開催及びその奨励に関すること」をあげている。しかし，社会教育において労働問題が正面から論じられることはほとんどない。このような傾向は，いわゆる生涯学習においても同様といえる。

もっとも，もう30年も前になるが昭和50年4月1日付け労働省労政局通達は，「労働教育の推進について」において労働教育行政の内容・目的を次のように論じているのが注目される。①労使関係者に対し，労働問題および社会経済に関する広い視野と合理的かつ客観的な認識と判断力を培うこと，②労使関係者に対し主体的能力を培うこと，③労働者の福祉や働きがい等の増進に資するとともに，人間の進歩への欲求に応えること，④労働者生活全般の安定向上に資すること，等。③との関連において，「労働組織や労働態様の画一化，単調化等に伴う人間疎外の問題に対処し，労働教育は，労働における人間性の確立に資する必要がある」ことが強調されている。また，労働教育の内容については，「集団的労働関係の正しい理解とルールの確立に直接必要なものにとどまらず，広く健全な労使関係の基礎となる諸問題，たとえば，労働条件等労働関係の具体的内容，労働組合の運営，労務管理・生産性等労働に係る経営問題，また，社会保障・財産形成・余暇・働きがい等労働者生活に関する問題，さらにはこ

---

12) 2002年6月に発表された連合評価委員会中間報告では，若年層に対し労働組合，運動に対する理解を深められるよう積極的にアピールするために教育活動等を展開する必要を強調している（賃金と社会保障1349号13頁）。また，アメリカにおける権利教育については，国際労働研究センター編著『社会運動ユニオニズム』（2005年，緑風出版）195-216頁参照。

れらの労働問題の背景として理解が必要な政治，経済，社会，法律，経営，国際関係等の基礎知識」があげられている。真っ先に集団的労働関係があげられているのが印象的である。

　労働教育は，公的なレベルでは労働協会等の委託や補助事業として実施されている。補助金の減額等で規模の縮小が余儀なくされているのが現状であり，その対象ももっぱら労使であり，市民教育レベルではなされていない。同時に，学校教育への働きかけや高校生・大学生を対象とした講座の試みも少ないと思われる。

　また，労使において独自に労働教育，組合員教育がなされているが，キャリア教育が中心であり，労働者の権利・義務についての研修はそれほど一般的ではない。せいぜい新たな立法がなされた場合に企業担当者を対象とした研修がなされるぐらいである。連合系の労働者教育機関たる「教育文化協会」においても，組合役員に対する講座やセミナーが中心であり，一般組合員に対するそれははっきりいって手薄である。学校教育に対する働きかけも全くなされていない。

　とはいえ，連合は2002年12月に「教育が未来を創る──連合・教育改革12の提言──」を発表し，その中で「勤労観・職業観を育む」としてキャリア教育の一環として「労働法などのワークルール等を学ぶ」ことが一応提言されている。具体的提言としては，「学校教育のなかで，将来の生活設計や経済的自立を前提とした，生活経済や税・社会保障等に関する教育を充実させる」としており，労働法はその対象とはされていない。「等」に含まれるのか。なお，2005年10月の定期大会において労働教育の推進が取り上げられてはいる。[13]

　　　　　　　　　　　　　　　　　　　　　（どうこう　てつなり）

---

13)　詳しくは，高橋均「労働組合における労働法教育──労働者の権利状況と権利教育」本号参照。

労働法研究者の養成教育

島 田 陽 一
(早稲田大学)

I はじめに

　1950年に発足した労働法学会は，これまで順調に発展し，50周年には，『講座21世紀の労働法』全7巻を学会員の叡智を集めて出版するに至っている。また，最近の学術大会をみても毎回活発な議論が展開されている。そして，少なくとも，労働法の研究者が足りなくて困るという声はあまり聞かない。
　このような状況を考えると，労働法研究者の持続的な養成という課題が，これまで労働法学会レベルでの本格的な議論の対象とはなってこなかったのは当然ともいえる。これは，労働法研究者の養成機関である各大学の法学系の大学院を中心とする教育が基本的に機能してきたからであると言ってよいだろう。従来の大学院を中心とする研究者養成教育についても問題点がなかったわけではないだろうが，少なくとも労働法研究者養成という社会的機能を果たせていないという強い批判があったわけではない。しかし，順調に続くと思われた法学系大学院における研究者養成は，外在的な要因から曲がり角に来ている。法科大学院の発足がそれである。
　法科大学院の発足は，法曹養成教育だけではなく，法学研究者の養成教育に多大な影響を及ぼさざるをえない。これまで法学研究者養成の役割を果たしてきた法学系大学院のある大学は，すべて法科大学院を設置した。法科大学院は，大学が初めて直接的な法曹養成教育を担うことになった機関であり，そのスタッフは，教育および運営に多く精力を注がざるを得ず，この結果，従来の学部・大学院教育に十分なエネルギーを注ぎ込むことは率直にいって，困難となっているのが実情ではないだろうか。このことは，早い段階から懸念されてい

たことであるが，それが徐々に現実の問題となりつつある[1]。

しかし，法曹養成教育に大学が直接乗り出すことが国家的な事業として必要であることを認めるとしても，法学研究者の持続的な養成もこれまでどおり重要な課題でありつづけるはずである。少なくとも，これまでと同等の努力を継続する必要がある。しかし，多くの法学研究者が，法科大学院の教育および運営に時間を割かざるを得ないという状況のもとで，なし崩し的に従来の研究者養成教育から手を引いたり，あるいは手を拱いて事実上放置しているのが現状ではないだろうか。

この状況は，労働法学会としても看過できない問題である。労働法研究者の持続的な養成は，それぞれの大学の努力だけに帰するべきではない。学会全体での真摯な議論を通じて，新しい時代における労働法研究者養成のあり方が検討されねばならないのである。もちろん，労働法学会の研究は，必ずしも大学院教育を受けた研究者だけが支えているわけではない。とりわけ，労働法学会においては，労使それぞれの立場からの実務法曹が大きな役割を果たしている[2]。これは，他の法学系の学会に誇れる特徴である。また，行政実務家および行政実務に出自を有する研究者も労働法学会の研究の一翼を担っていることはいうまでもない。しかし，これまで大学院教育を受けた研究者が多数を占めてきたことは間違いがない。従って，法科大学院の設立が研究者養成に与える影響を踏まえて，労働法研究者養成のあり方を議論する必要がある。労働法研究者の養成の問題は，必要な絶対数の大きさから考えて，労働法学会以外にこれを議論する場がないと言ってよい。その意味では，学会がこの困難な問題に自覚的な関心を向けていくべきであろう。

本稿は，このような問題意識から，今後の労働法研究者の養成について，検

---

1) 西谷敏「法学の将来と若手研究者」法の科学35号4頁（2005年）参照。
2) 労働法学会では，労働弁護団および経営法曹会議に所属する多くの弁護士が会員となって学会活動を担っている。この両団体は，それぞれ機関誌を有し，また多くの研究・研修活動を行っている。また，労働法の理論形成には，弁護士の創造的な活動が大きな貢献を果たしている。安全配慮義務はその典型といえる。このような法曹実務家の理論的貢献は，労働法学会の特徴の1つである。そして，それは，大学における研究者養成とは異なるルートとしての研究者養成の機能を有していると評価できる。

特別企画②

討すべき論点を提示したい。具体的には，法学研究者養成一般に関わる議論を前提として，労働法分野に固有の問題を考えたい。もとより，狭い経験からの論点提示であり，各研究者および各養成機関の具体的な努力について，正確な情報が十分にあるわけではない。その意味で，不正確な現状認識にもとづく内容となっている可能性を否定できないが，予めご寛容を願いたい。本稿の拙い論点提示が，今後の建設な議論の発火点となれば幸いである。

II　法科大学院の発足と従来の研究者養成制度の変化

1　法科大学院の設立と研究者養成制度

　労働法研究者の養成教育を論ずる前提として，法学研究者の養成教育一般に関する議論を見ておく必要がある。法科大学院の発足が，司法制度改革のなかの法曹養成教育の問題として議論されたこともあって，それが，法学部および研究者養成大学院などが果たしてきた機能にどのような影響を与えるかを十分に測定し，それらとのバランスを図った制度設計が構想されるということはなかったといえる。日本学術会議の報告書『法科大学院の創設と法学教育・研究の将来像』(2005年7月，以下「2005年報告書」とする) は，この点について「法科大学院の創設は法学部における法学専門教育および研究大学院における法学研究者養成教育とならんで，大学教育の場に新たに法曹養成教育機関を生み出すにも拘わらず，この3者の間の制度的分業関係は，十分に明確にされないままで，法科大学院の発足に至り，この課題が大学の現場に残された」と指摘している。

　法科大学院の設立後の研究者養成教育については，主として日本学術会議において議論されてきたといえる。その成果は，「2005年報告書」に集約されている。ここでは，この報告書などにもとづいて，まず法学研究者一般に共通する問題を，とくに実定法研究者養成について検討すべき問題を整理しておこう。

---

3) この報告書に先立って，日本学術会議は，『法学部の将来——法科大学院の設置に関連して』(2001年5月) および『法科大学院と研究者養成の課題』(2003年6月) を発表している。

「2005年報告書」を参考にすると，主として，法科大学院の設立が法学研究者養成にもたらすであろう影響および法科大学院発足後の法学研究者養成制度の在り方という2つの問題点を指摘できる。以下，それぞれ多少詳しく見ておこう。

まず，法科大学院の設立と法学研究者養成について，「2005年報告書」は，法科大学院の設立が法学研究者の養成に消極的に作用する要因を生み出していると指摘する。学生にとっては，①法曹の道の拡大による研究者志望の魅力の相対的低下，②研究者養成大学院では，法科大学院教員としての就職可能性がないという進路上の不安，③研究者志望者の法科大学院進学が授業料負担および勉学負担から限定されるであろうこと，などがあげられる。[4] そして，教員にとっては，教育の負担過重が生まれる。従来から大学院教育による研究活動の停滞が指摘されてきた。この問題点は，法科大学院の設立によって，十分な教員供給が困難となったため，解消する展望が見えずにいる。

つぎに，法科大学院と法学研究者養成との関係についてみてみよう。「2005年報告書」によれば，法科大学院は，「法科大学院が博士前期課程に代わるものとされているかどうかによって，代替型と非代替型」に分けられるとされる。

代替型の法科大学院は，国立大学に多く見られるが，法科大学院が従来の法学研究科の1専攻として設置され，かつ法科大学院が研究大学院の博士前期課程を代替するものである。そのなかでも全部代替型と一部代替型があるが，実定法分野は，いずれの場合も代替型に位置づけられている。したがって，この「代替型が法科大学院の創設によって出現した新たな法学研究者養成コースである」（「2005年報告書」）。[5]

この新しい法学研究者養成の場である代替型法科大学院について，「2005年報告書」は，これまでよりも実定法解釈学の比重が大きく高まると予想され，

---

4) 『司法制度改革審議会意見書』（2001年6月）は，「法科大学院の教員は，将来的に，少なくとも実定法科目の担当者については，法曹資格を持つことが期待される」としている。

5) 『司法制度改革審議会意見書』は，「法科大学院は法曹養成に特化した大学院であり，研究後継者養成型の大学院（法学研究科ないし専攻）と形式的には両立するものであるが，内容的にはこれらと連携して充実した教育研究が行われることが望ましい」としているが，代替型は，この構想に繋がるものである。

特別企画②

従来の博士前期課程で行われてきた古典の読解や，外国語文献の講読，課題意識形成のための少人数演習，研究論文（修士論文）の執筆等を同じように行うことはできないと問題点を指摘している。つまり，法科大学院教育および博士後期課程における教育において，法学研究者としての基礎的学識の形成について，独自の対応が必要とされるのである。そして，「法曹資格をもった研究者の養成という新しい課題に挑戦する体制と教員の準備が不可欠である」（「2005年報告書」）。また，法科大学院出身の研究者の問題関心が現代的実際的問題に集中し，歴史的，理論的な，また基本的問題への関心が薄れるという可能性も否定できないと指摘されている。

つぎに非代替型とは，法科大学院が独立大学院として設置され，法科大学院は既存の研究大学院とは独自に運営される場合および法科大学院が従来の法学研究科の1専攻として設置されるが，博士前期課程の代替を行わない場合である。この場合は，形式的には，従来の研究者養成大学院における教育が継続することになるが，指導に当たる教員の負担という大きな問題を抱える。法科大学院を非代替型とすると，代替型に比べて，より多くの教員を必要とするが，実際にはその手配が行われていないからである。

非代替型について「2005年報告書」は，「法曹資格という付加価値をもった研究者の養成が並行的に行われるという条件の中で，養成する研究者の個性と質を高める制度的改善と工夫を進めることが必要であろう。とくに，博士課程修了者の博士号の取得を促進することが重要である」と指摘している。

2　研究者養成大学院の改革課題[6]

研究者養成大学院は，法科大学院出身の研究者志望者を受け入れる体制を整備する必要がある。入試に関する現在の各大学院の対応をみると，①外国語1科目および②リサーチ・ペーパーの提出を義務付けるのが一般的である。これ

---

6) 既存の大学院は，必ずしも研究者養成に特化されていたわけではなく，高度な職業人の養成や社会人のリカレント教育，留学生に対する教育などの機能を担ってきた。これらの機能は，今後も継続する必要があると思われるが，本稿は，研究者養成に焦点をあてて論じているので，これらの機能については考察していない。

に，③司法試験合格を条件とする大学院もある。博士後期課程の法科大学院出身者に対するアドミッション・ポリシーは，各大学院が法科大学院出身者にどのようなレベルを要求するかによって多様となるであろう。現段階では，どのような考え方が妥当であるかは明らかではないが，法科大学院における教育の実態からかけ離れた高いハードルを課すことのない現実的な設計が望まれるところである。このことは，法曹実務経験者や修士課程を修了している行政実務経験者および企業実務経験者などからの研究者志望者にも同様に当てはまることであろう。

　博士後期課程の教育内容としては，従来のように論文指導に特化するのではなく，研究者の「2005年報告」の指摘する法学研究者としての基礎的学識の形成に対するカリキュラム上の対応が必要とされる。法科大学院出身者の経歴は多様であるので，一律に必修とするのではなく，学位取得論文の執筆能力との関係で明らかに欠けている能力を個々人に応じて柔軟に形成できるような制度設計が望まれる。

　非代替型の法科大学院を有する大学のように，従来の研究者養成大学院を存続する場合には，大学院を学部学生から魅力のある制度に再編する必要がある。「2005年報告」が指摘するように，法学部学生にとって研究者の魅力が相対的に低下することに対応して，入試制度，カリキュラム，研究支援体制の見直しを図らねばならないだろう。とりわけ，博士前期課程および後期課程の標準年限5年で，学位を取得できることを基本とする制度設計が求められているといえる。また，経済的な支援措置の充実，助手制度および任期制教員制度の活用などを図り，研究者を目指す学生がある程度の将来の見通しを把握できるように努めるべきである。[7]

　この他，早い段階から研究者を希望する学生を対象とする学部教育も重要である。博士前期課程の授業を学部生が部分的に受講可能とするほか，飛び級制

---

7) 若手研究養成一般の問題については，日本学術会議学術体制常置委員会報告『創造的な若手研究者を養成するために』（2003年6月）を，また女性研究者の養成については，同『女性研究者育成の観点から見た大学院教育の問題点』（2005年8月）が参照されるべきである。

度などを充実化するのが適当であろう。

なお，他方で教員の過重負担の軽減もまた決定的に重要である。このためには，大学の法学教育にあたる人材の確保のために，従来の教員がこれまでのすべての教育内容に直接あたるのではなく，多様な人材が効率的に教育に携わり，かつ財政的にも実現可能な教育担当者の多様化が大胆に検討されるべきであろう。助手制度や任期付き教員，ティーチング・アシスタント制度などを総動員して，大学における多様な法学教育の担い手を確保する必要があるのではないだろうか。

また現在は法務研究科所属の教員も併任教員であれば，博士前期課程の研究指導を，そうでなくても博士後期課程の研究指導を持つことができるが，法務研究科と法学部との併任が認められなった段階において，研究者養成の指導体制をどのように確保するかが重要な問題となる。

III 今後の労働法研究者の養成教育の課題

ここでは，法科大学院の設立に伴う研究者養成の問題点を踏まえて，とくに労働法研究者を持続的に確保するために検討すべき課題を明らかにしたい。

まず，今後の労働法研究者を法科大学院出身者を中心とするということが適当かという問題がある。この問題を考えるためには，すでに法科大学院一般に指摘されたことに加えて，法科大学院においてどのような労働法教育が行われるかという点に注目する必要がある。法科大学院では，基本六法の教育に重点が置かれている。労働法は，司法試験の選択科目であり，そのなかでも比較的履修者が多いといわれているが，一般に2単位または4単位で設置されている。この現状においては，法科大学院の授業は，実際には，司法試験受験を念頭に置いた解釈論に特化された，それも論点主義の授業しかできないというのが実感である。[8]「2005年報告」が指摘していた研究者を目指す学生に対する特別な対応は不可能に近い。労働法学においても，研究者には比較法研究能力が必須であるが，アメリカ法はともかくも，労働法研究に重要な位置を占める大陸法の研究のために必要な基礎的な能力の涵養は困難である。この現状では，基本

六法のような実定法科目についてはともかくも，労働法研究者の持続的な供給源を法科大学院出身が博士後期課程に進むルートだけに依存することは適切ではないと思われる。これまでの労働法学会の理論水準を確保するためには，労働法研究者の志望者が大学から直接，研究者養成大学院に進学できるルートを確保しておくのが適当である。

　つぎに，博士後期課程の法科大学院からの研究者志望者に対する受入れ体制について検討する必要がある。すでに触れた制度的な措置以外に，労働法研究者に不可欠な基礎的学識とは何かを明確にすべきではないだろうか。このような基礎的学識は，これまでも狭い意味での大学院教育のなかだけで培われたわけではなく，院生自身の地道な努力に負っていた部分が少なくない。しかし，今後は，法科大学院からの研究者志望者の増加に対応して，必要な基本的知見とは何かを客観化し，博士後期課程での労働法のカリキュラムを設定すべきだろう。

　さらに労働法研究者には，学位の取得およびその後の研究活動の展開のために，比較法研究の能力形成が不可欠である。これは，英米法系の研究だけではなく，とくに，日本の労働法研究者が蓄積してきたドイツ・フランスを中心とする大陸法系の研究を維持発展させる必要がある。また今後は韓国・中国などのアジア地域の労働法の本格的な研究も視野に入れる必要がある。この比較法研究能力の形成は，その前提となる外国語能力の習得を含め，地道で時間のかかることである。とりわけ，博士前期課程の院生は，その能力を十分に獲得できるように，院生任せにしない指導体制の充実が各大学院に求められるだろう。この他，法学部教育との連携も視野に入れる必要がある。とくに英語以外の未習外国語の教育および外国法教育の充実を研究者養成教育の一環として位置づ

8）　筆者の所属する早大の法務研究科（非代替型）においては，労働法は，3年前期・後期にそれぞれ2単位の授業科目および3年後期に演習科目を設置している（担当教員2名）。荒木尚志他編『ケースブック労働法』（有斐閣，2005年）を教科書として使用したが，前期・後期で28用意されたUNITのうち23を取り上げるにとどまった。2005年度は，法学既習者のみであり，早大は，既習者が少ないため，少人数教育の双方向教育が実施できたが，それでも，労働法の主要論点を一通りこなすことで精一杯であった。来年度以降，受講生が増えることを見込んで，授業も演習もそれぞれ2クラス設置することにしているが，初年度の教育効果を維持できるかか頭を悩ましているところである。

けることが重要である。

　加えて，学部における労働法教育が重要であることはいうまでもない。労働法の授業および演習において，学生に労働法の現代的な重要性を示し，かつその魅力を語り，労働法研究に興味を持つ学生を養成することに努力する地道な努力が今後とも不可欠といえよう。

Ⅳ　おわりに

　法科大学院の設立が，労働法研究者の持続的な養成にどのような影響を与えるかを考察してみたが，その多くは，法学研究者一般について語られている問題に収斂されるといえる。また，それとても具体的な妙案があるわけではない。それでも，多くの教員には，この数年間，法科大学院の設立，およびその展開という課題に忙殺され（国立大学所属の教員にはこれに独立行政法人化にともなう問題が加わったが），研究者養成の問題は，頭の片隅にあるものの，正面きって論ずる機会に乏しかった問題であろう。これを機会として，この問題についての学会レベルでの議論が巻き起こることを期待したい。

〔資料　早大における研究者大学院の改革方向〕

　労働法の研究者養成に関する議論の１つの素材として，筆者が所属する早大の法学研究科（早大法研）の改革内容を紹介する。早大は，法務研究科は独立大学院であり，研究者養成大学院は，そのまま存続している。もっとも，ここで紹介するのは，なお議論の途上の問題もあり，その大枠を示すにとどまることを断っておきたい。

　法科大学院設置以前において，早大法研の修士課程は，比較的門戸を広く開き，研究者志望者や司法試験受験者，高度職業人志望者，留学生など多様な人材を受け入れてきた。早大法研は，法科大学院設置にあたって，基本的に従来どおり実定法分野を含めて研究者養成を継続することだけを決定したが，特別の制度的な手直しを実施しなかった。法科大学院の入試が始まった年に行われた2004年度入試では，受験生が大幅に減少することになった。司法試験受験者

が相当数を占めていた構成からすると，受験生の減少は予想されたところであるが，早大法学部からの研究者志望の受験生が相当減少するという状況が生まれた。この状況を受けて，大学院の制度が本格的に議論されるようになり，早大法研を基本的に研究者養成機関とする方向での改革を進めつつある。ただし，これまでの社会人リカレント教育，留学生の受入れなどの機能も継続している。

今回の改革の特徴は，早大法研の基本的目的を研究者養成機関とするため，修士課程と博士課程との5年間一貫教育を柱としたことである。具体的には，早大法研の修士課程の修了者は，自動的に博士課程への入学を認める制度としたのである。これによって，従来の外国語科目試験による研究の中断という弊害を取り除いた。[9] 大学院進学を希望する早大法学部の成績優秀者については，自己推薦制度を新たに設けた。このような改革は，学部時代から研究者を希望する優秀な学生に対して，5年間の一貫教育を通じて，課程博士論文を提出することを基本とする指導を行うことによって，実定法学を含めた法学研究者の持続的な養成の途を確保することを目的としている。早期の経済的な研究条件の整備のために，さらに助手制度の改変を検討中である。なお，この改革は，他大学の修士課程からの入学者希望者に門戸を閉ざす者ではなく，修士論文の提出および外国語1科目の試験という入試制度も新たに設けた。

また，今後とくに実定法分野では，法科大学院出身者にも研究者を志望する者が輩出することを踏まえて，多くの法学系大学院と同様に法科大学院修了者の博士課程編入のための特別試験制度を設けた。具体的には，専門職学位の取得だけではなく，司法試験の合格を受験資格とし，修士論文に代わるリサーチ・ペーパーの提出を義務付け，外国語1科目の試験を課すこととした。

（しまだ　よういち）

---

9)　研究者養成機関に事実上純化される博士課程の入学試験は，提出論文（修士論文）の面接試験および外国語2科目の試験であった。とくに外国語科目は，難易度が高く，このため，複数回受験を余儀なくされる研究者志望の院生が少なくなかった。

法科大学院における労働法教育

石 田　眞
（早稲田大学）

I　はじめに

　法科大学院がスタートして2年が経過しようとしている。ほぼすべての法科大学院が労働法科目を設置しているが，多くは2年次あるいは3年次に配当されていることもあり，法科大学院における労働法教育は文字通りその緒についたばかりである。実際のところは，試行錯誤の連続であるといってもよいであろう。まだ担当教員相互の経験の交流やその蓄積も十分ではない[1]。したがって，私には，現段階において，法科大学院における労働法教育について確たることを語る資格も能力もないが，ここでは，次の三つの点に言及することによって責めを塞ぎたい。一つは，これまで法学部（および研究者コース大学院）において労働法教育に携わってきた研究者教員が法科大学における労働法教育をどのように考えているかを述べること，もう一つは，法科大学院における労働法教育の現状と課題について若干の考察をすること，そして最後は，労働法教育からみた新司法試験の問題を考えてみることである。

---

1) そうした中で，本学会誌107号の「座談会・法科大学院における労働法教育」には，始まったばかりの労働法教育の貴重な経験が掲載されている。出席者は，野田進（司会・九州大学），橋本陽子（学習院大学），三井正信（広島大学），山田省三（中央大学），吉田美喜夫（立命館大学），和田肇（名古屋大学）の各会員である。最新のものとしては，豊川義明「法科大学院における授業方法の研究──労働法」『ロースクール研究』1号（民事法研究会，2006年）69頁以下がある。また，法科大学院開設直前の段階で労働法教育について論じた塚原英治「法科大学院における労働法教育」『労働法』100号（法律文化社，2002年）118頁も有益である。

II　法科大学院教育としての労働法教育
――『司法制度改革審議会意見書』を読み直す――

　法科大学院における労働法教育を考える場合，法科大学院の制度趣旨や理念をまず確認しておく必要がある。そこで，法科大学院の設立を構想した『司法制度改革審議会意見書』（以下，『意見書』という）を読み直してみると，同審議会は，21世紀の司法を支えるのにふさわしい質・量ともに豊かな法曹の養成について，「司法試験という『点』のみによる選抜ではなく，法学教育，司法試験，司法研修を有機的に連携させた『プロセス』としての法曹養成制度を新たに整備することが不可欠である」とし，その中核として，「法曹養成に特化した教育を行うプロフェッショナル・スクールである法科大学院を設けること」を提言した。

　また，『意見書』においては，法科大学院の教育理念として，「理論的教育と実務的教育を架橋するものとして，公平性，開放性，多様性を旨としつつ」，①専門的資質・能力の習得と豊かな人間性の滋養，②批判的・創造的な思考力，問題解決能力の養成，③社会性や法曹としての責任感・倫理観の滋養などが掲げられていた。

　もとより，労働法教育も法科大学院における教育の一環である以上，法科大学院の設立の趣意および教育理念を踏まえたものである必要があるが，以上の教育理念を法科大学院の教育プログラムの中に具体化し，教育方法に置き換えていくことは決して容易なことではない。まして，それを労働法教育の中にどのように実現してゆくのかについては，各法科大学院の労働法担当者が日々の教育実践の中で大変な苦労をされているものと推察する。私もその例外ではない。かりに，法科大学院における労働法教育の目標として，①労働法理論教育を中心とした理論と実務の架橋，②労働法の専門的な知識の習得とそれを批判的・創造的に発展させて行く力の育成，③事実に即した労働法の問題解決能力の養成などを掲げるにしても，労働法に配当された限られた単位（時間）数の中で，それらの目標を実施に移すのは至難の業である。その意味で，『意見書』

は，法科大学院における労働法教育の金科玉条ではなく，教育実践の中で常に批判的に吟味されるべきものであろう。

Ⅲ 法科大学院における労働法教育のあり方

以上のような困難はたしかにあるが，法科大学院における労働法教育にとって今何が必要かという観点からその教育のあり方を考えてみると，私は，現在，次のようなことを考えている。

第一に，労働法の専門的な知識を習得させるためには，基礎を体系的に学ぶ基礎教育がとりわけ重要であると考える。労働法を深く考えるためには，素材となる基本概念や道具をしっかりと身につけることが必要である。また，労働法にかかわる法制度（実定法や判例など）の趣旨や基本的な考え方を把握することの重要性は，どれほど強調しても強調しすぎることはない。こうした労働法の基礎的な知識や基本的な考え方を効率的かつ体系的に身に付けさせるために，講義形式の授業が適切か，双方的・多方向的授業が適切か，その双方をどのように組み合わせるのが良いのかなどは，何をどのように教えるのかということの性格によって異なるはずである。『意見書』は，教育方法は「双方的・多方向的で密度の濃いものとすべきである」と述べるが，双方的・多方的授業が常に望ましいわけではない。

第二に，事実にそくした労働法の問題解決能力や批判的思考力を養成するためには，応用教育も必要である。ただし，応用は，様々な問題類型についての解決パターンを多く身につけさせ，問題解決能力を養うためにだけでなく，基礎を深めるためにも重要である。実際に基礎的な知識を具体的な問題にあてはめ，妥当な解決を得るためには，何度も基礎に立ち戻って，その意味を確認することが求められるからである。応用の側面では，良質の問題（プロブレム）や精選された判例（ケース）を提示し，学生にじっくりと考えさせることが重要であろう。

第三に，法科大学院が法曹養成の機関である以上，労働法教育においても，「理論と実務の架橋」が必要となろう。しかし，『意見書』の「法科大学院では，

法理論教育を中心としつつ，実務教育の導入部分（例えば，要件事実や事実認定に関する基礎的部分）をも併せて実施することとし，実務との架橋を強く意識した教育を行うべきである」とする提言が何を意味しているのかについては，様々な意見がある。たしかに，実務法曹を養成するにあたっては，労働事件が法廷で争われた場合にどのようになるのかを意識することは重要である。しかし，実務法曹としての教育を受けたことのない多くの研究者教員にとって，労働法教育の中で「理論と実務の架橋」をどう実現するのかは難問である。

そこで，労働法教育においても「要件事実（論）[2]」教育を導入すべきであるとする意見がある。しかし，こうした導入論に対しては，①実務法曹としての教育を受けたことも，まして要件事実（論）教育を受けたこともない研究者教員がそれを労働法教育に導入できるものではないという意見，②労働事件に適用される労働法のルールには，制定法における規定が存在せず，民法の一般条項や判例法に委ねられている部分が多いため，要件事実の確定が困難であり，労働法は「要件事実（論）」教育になじまないという意見，③実定法の解釈が定まれば要件事実は自動的に定まるのであって，要件事実（論）が独自のものとして存在するわけでなく，かえって「要件事実（論）」教育は既存の裁判実務を追認し，それに対する批判的視点を削ぎ落とすことなるという意見などがある。[3]「要件事実（論）」導入の可否も含め，労働法教育における「理論と実務の架橋」のあり方は今後の検討の課題であるが，検討にあたっては，裁判の場のみを強調しすぎることは適切ではない。労働法実務の場は裁判だけではないからである。

---

2) 「要件事実論」という言葉に込められた意味については，論者によって様々であるが，ここでは，次のような概念として受け取っておく。まず，「要件事実論」とは，「民事実体法の個々の条文や，判例・学説において論じられてきた法律要件について，その意味内容を分析するとともに，民事裁判における攻撃防御方法として，原告・被告がそれぞれ主張証明すべき要件（事実）は何かを考える理論あるいは手法」であり，「要件事実」とは，「実体法の条文（法律要件，構成要件）に示された類型的事実（法的概念で「法律要件要素」あるいは「構成要件要素」とも呼ばれる）」である。これらの概念については，村田渉「要件事実論の課題――学会議論に期待するもの」『ジュリスト』1290号（2005年）38頁を参照。

特別企画③

Ⅳ 法科大学における労働法教育の現状と課題

1 カリキュラムからみた労働法教育の現状

　法科大学院における労働法教育の現状はどのようなものであろうか。2006年度に開設されている法科大学院74校についてみると，ほぼすべての開設大学院において，労働法が開講科目となっている。インターネットのホームページに掲載されている各法科大学院のカリキュラムによる簡単な調査をおこなったが，その結果からみた労働法教育の現状は，以下のとおりである。

　第一に，単位数については，4単位以上を配当しているところが43校，2単位を配当しているところが24校，不明が7校である。6割弱が4単位以上を労働法に充てているが，2単位配当のところも3割強存在する。配当単位数の差は，各法科大学院における労働法の位置づけにもよるが，大学院の規模や担当者が常勤であるか非常勤であるのかにもよるものと思われる。

　第二に，配当学年については，2・3年配当が35校ともっとも多く，次に，2年配当が19校，3年配当が9校，1年配当と学年指定のないところがそれぞれ1校，不明が9校である。全体としては，2年生ないしは3年生で労働法を勉強することになっている。

　第三に，必修，選択必修，選択の別については，労働法を必修としているところが1校，選択必修としているのが24校，選択としているのが38校，不明が11校である。選択としているところがもっとも多いが，選択必修とするところ

3） 法科大学院における労働法教育への「要件事実（論）」の導入を積極的に提唱するものではないが，近年，労働法における「要件事実」についての研究は，「要件事実論争」（鴨田哲朗「解題・『労働事件審理ノート』批判」『季刊労働者の権利』259号（2004年）2頁）と呼ばれるほどにすすんでいる。関連文献としては，山川隆一「労働法における要件事実」筑波大学大学院企業法学専攻10周年記念論集『現代企業法学の研究』（信山社，2001年）613頁，同「労働事件と要件事実」伊藤滋夫・長秀之編『民事要件事実講座』第2巻（青林書院，2005年）288頁，古川景一「解雇権濫用法理と要件事実・証明責任，及び解雇に関する正当事由必要説の再構成試論」『季刊労働法』194号（2000年）77頁，同「解雇制限と証明責任・証拠提出責任」『季刊労働者の権利』238号（2001年）70頁，林陽子「要件事実論の民法学への示唆（4）——雇用などにおける差別と要件事実論」大塚直・後藤巻則・山野目章夫編『要件事実論と民法学の対話』（商事法務，2005年）87頁などがある。

もかなりあると同時に労働法が新司法試験の選択科目となったこともあり，比較的多くの学生が労働法を受講しているものと思われる。

　第四に，担当者については，研究者のみが担当しているところが53校，研究者と実務家の双方を配置しているところが9校，実務家のみが2校，不明が10校であった。労働法の場合，配当単位数の問題もあり，研究者のみがもっとも多くなっている。

　第五に，労働事件に関するリーガル・クリニックを労働法科目として設置しているところは，確認できたところで2校のみであった。それぞれ大規模校である。労働クリニックと銘打たずに一般クリニックの中で労働事件を扱うところもあると思われるが，その点は確認できなかった。

2　労働法教育の課題

(1)　単位数

　現状でみたように，労働法に配当されている単位数は4単位ないしそれ以上のところがもっとも多いが，2単位のところもかなりの数にのぼっている。新司法試験の選択科目を選考するにあたって，4単位以上で設置をしている科目を選んだといわれており，新司法試験に対応するためには，4単位以上が必要ということであろう。2単位で設置しているところは，このような背景をどのように考えるのか，検討が迫られることになろう。

(2)　教育方法

　教育方法については，ケース・メソッドやプロブレム・メソッドを用いた双方向的・多方向的授業が推奨されている。ただし，かかる教育方法は，労働法の基礎をすでに学んでいるか，自習することを前提としている。しかし，学部段階で労働法を履修していない者がかなりの数にのぼる現状では，こうした方法のみをとると，労働法の体系的理解を欠落させる可能性があり，そのような危惧はケース・メソッドあるいはプロブレム・メソッドを採用した労働法担当者の中からも表明されている。[4] したがって，すでに述べたように，教育方法に

---

4)　前掲注1）座談会・168頁（和田発言）。

特別企画③

については，それ自体に意味があるのでなく，身につけさせようとする知識の性格や学習段階によるものだという観点からの検討が研究課題であろう。

(3) 教　材

教育を効果的に行うには，教材も重要である。とりわけ，応用の側面では，すでに述べたように，良質な問題（プロブレム）や精選された判例（ケース）を教材として提示し，基礎に立ち返りながら労働法の理解を深める必要がある。すでに，優れたケースブックやプロブレムブックが刊行されているが，ケースやプロブレムを労働法の体系的理解と結びつけることのできる教材開発が課題であろう。

Ⅴ　労働法教育からみた新司法試験の問題

労働法は新司法試験の選択科目の中でも比較的多くの受験生の選択が予想されている科目である。それだけに，新司法試験のあり方は法科大学院における労働法教育に影響を及ぼしかねないといえる。しかし，新司法試験は，「法科大学院のプロセスの成果を計るものとして機能しなければならない」はずのものであり，「新司法試験は，法科大学院の教育を踏まえたもの」であることが原則である。間違っても新司法試験が法科大学院における労働法教育の内容を規定し，授業を予備校化するようなものであってはならない。

選択科目の出題方針は，「法科大学院における教育内容を踏まえ，事例問題を中心として，対象となる法律分野に関する基本的な知識・理解を問い，又は，法的な分析，構成及び論述の能力を試す」ことである（新司法試験問題検討会（選択科目）平成16年12月10日報告）。労働法についても，平成16年11月にサンプ

5） 例えば，菅野和夫・土田道夫・山川隆一・大内伸哉『ケースブック労働法』（弘文堂，2005年），荒木尚志・島田陽一・土田道夫・中窪裕也・水町勇一郎・村中孝史・森戸英幸『ケースブック労働法』（有斐閣，2005年）。
6） 例えば，土田道夫・豊川義明・和田肇『ウオッチング労働法』（有斐閣，2005年）。
7） 遠藤賢治「法科大学院の教育理念と試験問題の工夫」『判例タイムズ』1195号（2006年）25頁。
8） 新司法試験実施に係る研究調査会『新司法試験実施に係る研究調査会報告』（平成15年12月11日）3頁。

ル問題が公表され，平成17年8月にはプレテストが実施された。労働法のプレテスト問題については，適切であるという評価がある一方，幾つかの問題点も指摘されている。労働法の試験の場合，概ね4単位で学習する基礎および応用の力を試すものであるので，その内容は，授業によって得られる基礎的な知識や基本的な考え方をベースにじっくり考えさせる内容であることが肝要であろう。

(いしだ　まこと)

---

9) 横田希代子「新司法試験問題検討会におけるサンプル問題の公表について——新司法試験に関する検討の経緯」『法学教室』297号（2005年）14頁。
10) 法科大学院協会司法試験等検討委員会「新司法試験プレテストに関するアンケート調査の結果について」6頁参照。また，労働法プレテストの解説および労働法学習の要点を述べたものとして，石橋洋「新司法試験プレテスト選択科目——労働法」『法学セミナー』610号（2005年）11頁以下があり，有益である。

学部レベルにおける労働法教育

菊 池 高 志
（西南学院大学）

I　はじめに

　本稿に与えられた課題は，新たな法曹養成制度としての法科大学院体制がスタートしたもとで，学部（アンダー・グラジュエート）法学教育のなかの労働法はいかにあるべきか，労働法という講義科目で何を，どのように教授すべきか，を考えることにある。だが，法科大学院体制下での法学部教育は，それ自体の位置づけが問われているのであり，問題は労働法にのみ留まるものではない。改めて述べるまでもなく，日本の大学教育において，法曹養成は，一貫して法学教育の核心であった。たとえ，実際に法曹を志し，法曹の途を歩む者が法学部生の数パーセントに留まるにしても，法学部教育の体系は法曹の途を歩もうとする者を念頭に組み立てられ，教授される内容も法曹の途を志す学生を意識したものであった。法曹養成が大学法学部教育の極北にあったことは疑いない。それだけに，法曹養成教育が法科大学院によって担われることになり，学部教育が制度的に法曹養成とは直結しないものとなったことで，学部法学教育は改めてその存在意義を問われることになった。

　しかも，18歳年齢の減少にともなう大学入学志望者の減少によって，「大学全入の時代」が到来するといわれる今日，法学部教育のみならず大学教育の総体が，避け難い質的変容に直面しているといってよい。大学教育自体が問われ，法学部の存在意義が問われる，この二重三重に不透明な状況のもとで，なにがしかの展望をもって学部労働法教育の意味，可能性を語ろうとすること自体が無謀な試みというべきかもしれない。学部労働法教育の今後について，筆者には今，何らかの確たる発言をする準備はない。以下は，試論とも言い難いもの

であるが，いまは，これをもって責をふさぐ以外にない。

Ⅱ　誰を対象とするのか

1　法学部以外の学生

　学部レベルでの労働法教育において，何を教えるか，どのように教授するかということは，その教育対象は誰か，何を目指して行う労働法教育かということと深く関わっている。学部レベルでの教育では，これまでも多くの大学において，法学部学生に対してとともに，経済学部等の隣接分野の学生に対する労働法の講義が行われてきた。だが，この隣接分野の学生に対する労働法教育が，法学部学生に対するものとどのように異なるのかは，必ずしも深く問われてこなかったといってよいだろう。法学部学生以外であっても，法学部学生と同様，同一の講義を受講している場合も少なくない。

　学生の大半が，卒業とともに雇用労働関係に入ることを考えれば，大学生のエンプロイアビリティーが問題とされ，キャリア・ディベロップメントという言葉とともに，大学が就職準備活動に力を入れる時代には，学生みずからが卒業とともに直面する雇用労働関係における問題に関わる知識・情報を身につけるという実用性の観点から，労働法の教育に意義を見出すこともひとつの視点ではあり得る。このようなものであれば，学生の専門分野を問わず，今日的な「教養」の一部として位置づけられることになるかもしれない。

　だが，経済・経営あるいは社会学など隣接社会科学領域を専攻する学生に対する場合には，多かれ少なかれ，その学生本来の専攻分野との関わりにおいて

1） 大学法学部教育批判は，1980年代後半から様々に行われてきた。筆者の記憶に鮮明なものは経営法友会からの社会動向に疎い大学法学教育を批判するものであった。これを契機に所謂先端的分野への取り組みが問題となり，研究教育領域の開拓や再編成が大学法学部を揺り動かしたが，これと相接するように司法試験制度改革の論議が大学法学部教育に動揺を与え続けてきた。この間，枚挙に暇のない論稿が積み重ねられてきた。他方，労働法を巡っては，司法制度改革審議会の論議を受けて，これもすでに様々な角度から論じられている。こうした多くの文献に学びながらも，それを充分消化できない筆者の現状では，以下一切の参照文献を省略させていただくことにした。学会誌掲載の常道を外れたものであり，作法を弁えないものであることをお詫び申し上げる。

特別企画④

労働法の受講に意味が認められているものと考えられる。経済現象の一環として労働力・雇用の問題に関心を抱く者，経営管理の一環としての雇用・人事管理に関心を抱く者等にとっては，自らの専攻する領域に対する理解を深めるための周辺知識として労働法が位置づけられていると見るべきであろう。こうした他学部学生に対する講義では，彼らが認識対象とする雇用・労働社会の実態が，どのような法規範の規制を受けているのか，どのような規範ルールが雇用・労働社会を秩序づけているかが教授されることにより，彼ら本来の専攻分野の認識・理解を厚みのあるものにすることが期待されていると解してよいであろう。そこでは，実体労働法制の概略について，その規範価値とともに政策的意義について語られることが期待されているだろう。法的規整枠組が市場原理と如何に接合し，市場の動向にどのような規制力となって働くのか。労使の現実にとってどのような意味を有し，労使関係にいかなる影響を及ぼし，労使間紛争がどのようにコントロールされるのか。産業労働社会の現実において，労働法制が果たしている機能に重心を置くことが期待されているというべきであろう。

2　法学部学生

法学部には独自の教育目標がある。様々な法領域にわたる法の体系的な教授とともに，法史学・法社会学・法哲学などの教授を通じて，法の規範価値とともに，それを貫徹させる具体的な法システムに対する基本的認識を獲得させることを目指しているのが法学部の教育である。教育の中心となる実定法教育では，司法制度を中核とする紛争処理解決システムを念頭に，実体法・手続法にわたる解釈・運用の法技術教授に大きな比重が置かれるのが常道である。労働法にあっても，基本的な法秩序の一環として教授される点で他と異なるものではなく，現行実体法の規範内容と，それが効果的に機能するための制度・手続ルールが重視されてきた。これは，司法を意識することなく，実定法規範の解釈・適用，法的推論過程の法技術には重きをおかず，紛争を巡る審判・調整の手続ルールを要点としない他学部学生への教育と対比してみれば，おのずから異なるものであった。

しかしながら，学部教育が法曹養成に直結するものでないことが明らかになった段階では，司法的救済を意識した法的推論への立ち入った検討，紛争処理解決制度に即した具体的手続技術の修得は，法科大学院の教育に譲ることになり，法学部学生に対しても，従来ほどには法的推論過程，救済手続ルールなどの教授に重きを置く必要がなくなったと考えられる。学部専門教育としての法学教育自体が，従来にも増して法曹実務とは距離を置いたものとなる結果，学部教育では，法技術的陶冶は緊要の度を失ったということになる。
　法学部卒業者も多くは公務員や民間私企業従業員の途を歩むのであれば，その意識やニーズにおいて他学部出身者との間に本質的な差異はないのが実情である。してみると，学部レベルでは，法学部生とそれ以外の社会科学系学生の間にある相違は今までほど大きなものではなくなり，両者に対する法学教育・労働法教育の相違は少なくなると見ることができる。

Ⅲ　「労働法教育」の現状

1　「労働法」の枠組

　学部レベルでの労働法教育において，何が教授されるべきかを問うことは，「労働法とは何か」を問うことと不可分であろう。戦後，本格的に体系的姿を整えたわが国の労働法学にあっては，個別的労働関係に関する法と集団的労働関係に関する法という2本柱で枠組を構成する形が基本となり，労働法教育もこれを反映した講義がスタンダードなものとなってきた。時代とともに両者の比重に変化があるものの，この基本骨格は今日なお維持されていると見てよいだろう。
　1970年代になると雇用・労働市場の法を第3の柱とする見解が有力になってくるが，これによって，労働法の体系的把握を組み替えるまでには至らず，教科書・体系書の上で，これが先行の2本柱と同列に取り扱われることにはならなかった。実際の講義においても，新たな領域に前二者と同等の比重がおかれることはなかった。それは，対象となる雇用・労働市場に関わる実定法規がなお充分な質量を備えるに至っていなかったこともひとつの要因ではあるが，こ

特別企画④

の領域が，主として公的政策展開によって占められ，前二者とはかなり性格を異にすることに主たる要因があったと考えられる。

　総じて，権利の体系として構成された労働法のなかに，行政政策，しかも誘導的側面の強いものを組み込むことには困難があった。また，法学教育は，司法過程を念頭に，権利義務関係を基盤とする法の解釈運用，紛争当事者間の紛争処理問題で占められてきた。労働法教育の主たる内容は，契約労働を巡る私法関係と私的自治を超えた公的規制を内容とする個別労働関係領域と，個別労働関係に対する集団的規制力を巡る法理とこれに対するに法的規整を内容とする集団的労使関係領域での権利義務関係，紛争解決ルールである。そうである限り，公的政策展開が基軸となる雇用・労働市場に関わる法がそのなかに確固とした地位を得られないのも当然である。のみならず，この第3の領域が，前二者とどのように関係するのか，必ずしも明らかでないところでは，各領域の間に充分な架橋が見られないために，学生教育においては，その意義を充分示し得ないできたと考えられる。

2　「労働法」理解の難しさ

　司法制度改革審議会意見書で特記された，特有の「専門的知見」を要する労働関係事件を適正・迅速に処理するための方策は，新たな労働審判制度の発足という形で結実したが，紛争事件の解決処理に求められる「専門性」は，我々の問題とする労働法教育においても見逃すことができない点である。学生にとって，労働法の理解を難しくしているものは何か，換言すれば，学生に労働法をどのように理解させるか，の鍵となるのが，この「専門性」という点であろう。

　一般に，現実社会生活経験の乏しい学生にとっては，法とその機能する社会・生活世界との相互照応関係を的確に捉えることが困難であり，そのことが，大学法学教育を難しくしているということは，教育に携わる者が日々実感するところであろう。これは労働法に限らず，学部法学教育に共通する問題であるとはいえ，「雇用・労使関係の制度や慣行等について，各職場・企業，あるいは各種産業の実情に基き判断することが求められ，……そのような制度や慣行

についての専門的知見」が事件解決の法的判断にとって欠くことができない労働法の場合には，とりわけ際立っている。しかも，労働法の場合は，他の多くの法領域と比較して，その対象とする社会の変動は著しく，これを的確に捉えることに相当の努力を必要とする。法学としての教授内容が，どのような産業・経済的現実を背景として生じる問題なのか，そこで採られる法的評価判断が雇用・労働関係にどのような結果をもたらすことになるのか，法理解の前提となるものが不充分なのが学部学生の実態であろう。

　この社会実態の認識については，教授者の努力によって，相当程度補われているにしても，法的権利義務関係を主軸とする通常の法学講義の限られた時間内で必要を充たすことは難しいのではないか。労働事件の場合，要件事実論によっては捉え尽くせない現実があり，経済的利益を争う紛争にあっても優れて人格紛争的性格が内包されていることが裁判事件解決に至る過程をも難しくするなど，労働法理解には，少なからず，その対象とする生活世界の現実に対する知識・洞察が求められる。これを労働法の講義自体のなかで学生に伝えることには多大な困難がある。とすれば，この部分は労働法の講義以外で補われねばならない。労働法を受講する隣接社会科学領域の学生とは逆に，法学部学生には隣接領域を学ぶことによってこの不足が補うことが求められる。

IV　これからの労働法教育

1　現代的課題への取り組み

　最近20年余の急速な社会経済変容のなかで，「労働法」の論ずべき課題は急速に拡大し，議論の枠組にも大きな変容が見られる。そのなかには従来から労働法の課題であったものが，新たな社会経済変容を反映し，新たな角度からの検討を迫られているもの，あるいは，現実の紛争として顕在することがほとんどなく，理論的問題として存在していても，論議の対象としては大方の関心を引かなかったもの，さらには，従来の労働法学においては全く議論の対象とされてこなかったものなど様々である。

　ここは，その各々に言及する場ではないが，例えば，労働時間問題は従来か

ら労働法の重要論点ではあったが，近時の紛争増加とそこに提起される法的問題の背景には，労働基準法制の改変があり，就業構造の変化と雇用管理実態の変容がある。雇用・就業構造の急激な変容は，労働者，使用者という労働法にとっての基礎概念自体の再検討をも迫っている。

他方，急速な長期継続雇用慣行の妥当範囲の狭まり，アウトソーシング・外部労働力活用などの経営管理変容が，問題を顕在させたのが競業避止や営業機密保持を巡る問題である。雇用慣行への信頼の崩壊は，従業員労働者の行動規範や意識に大きく影響することになる。このことが労使双方に従来とは異なる問題を顕在させる要因となったことは否定できない。しかし，これらは，従来からの労働法の視野対象範囲の問題であり，それぞれに困難はあるにしても，論議の枠組自体を洗いなおさねばならないものではない。

企業情報セキュリテイー，企業における労働者のプライバシーや個人情報管理，また，内部告発，公益通報者保護などの問題は，情報技術社会の進展を反映して急速に関心を集めるものとなったが，これらの問題は，直接には雇用・労働関係，労使関係枠組の内部から生起したものではなく，いわば外部環境変化にともなう秩序枠組の変化，価値観の変動を反映するものということができる。企業コンプライアンスと企業内コード・オブ・プラクティスの拮抗，個人情報保護の要請などは同じく私的自治に対する公的規制といっても，従来の労働基準立法とは次元の異なる公的秩序規整の問題である。

労働法教育においても，他の法領域の展開との関連に視野を広げることが重要になる。

2　政策的立法の背景

労働法の第3の柱である雇用・労働市場に関する法は日に日にその重みを増しているが，これを支えるのは，単なる労働力政策，労働市場政策の問題ではない。背景には一国の社会政策総体の動向がある。高齢者雇用，女性労働などを巡る問題は，一国の人口政策，社会政策の凝集点である。いうまでもなく女性労働の背景にはジェンダーを巡る問題があり，雇用者・使用者と労働者の関係のみに限られるものではない。シャドウ・ワーク，アンペイド・ワークの問

題は一社会全体の文化にかかわる問題でもある。これを支える法の発展には，労働法という枠組を超えた法規範価値，法思想さらにはその基底にある社会哲学の進化がある。

　高齢者就業問題は，4半世紀の経過のなかで段階的に改変が進められてきたが，その過程で，雇用を巡る私的自治への公的介入・規制のあり方を大きく変化させてきた。そこには，国家と社会の関係，すなわち，政治・行政的統治と市民社会の関係，市民社会への公的関与・介入のあり方に関する今日的課題が孕まれている。女性労働問題から次世代育成にまで展開するならば，それは最もセンシティブな私的領域に属する問題への公的コミットメントである。従来の労働法の視野とは次元を異にするものが，不可避的に労働法の課題に取り込まれて行く以上，どのような問題に，国家法がどのような形で，どこまで介入することができるか，また，介入すべきなのかということも模索されねばならない。

V　結語に代えて

　翻って見るならば，我々が慣れ親しんできた労働法の枠組みは19世紀末葉の急激な社会経済変化の時代を背景として成立したものであった。労働組合を承認し，これの手を通じての秩序形成に期待することになるのは，近代個人主義を哲学的核心として成り立つ自由主義の市民社会像が，実体的基盤を失い，理念型としても有効性を失った段階で，軋轢・対立・闘争によって亀裂を深めてゆく市民社会を救い出す途として選ばれたものであった。労働者のみならず，使用者においても自由主義的個人主義の倫理的基礎は喪失し，あるのは企業（＝組織）であるという事実が，collectivism の時代を招来した。そして，これの基盤であるインダストリアリズムはフォーディズムという形で照応していた。

　それから1世紀，ポスト・インダストリアリズムは高度情報技術に導かれ，collectivism の基盤を奪いつつあるのかもしれない。市場の失敗に替わって社会の安定を引き受けたはずの政府が壁に突き当たり，公的規整が社会を窒息させるという批判も一面の真理を有することはこの間の経験が示している。だが，

他面では，如上のように，より大きなスケールでの国家の社会への介入は進行しており，これを容易に否定し去ることができないことも明らかである。立法が一国の社会経済政策と不可分である以上，こうした事実を背景に，労働法の視野を如何に広げるかが問われ，労働法の新たな意義や位置づけの模索が迫られているのかもしれない。学部レベルにおける教育では，このような法の存立基盤である社会実態の変容，政策的リードの持つ意義を的確に捉え，展望的な視野を養うことが求められるのではないか。創設された法科大学院には，既存の法解釈・適用技術の習得にとどまることなく，創造的な法論議ができる法曹を育成することが期待されているという。その前提としても，また，広くこれからの産業社会の担い手となる学生達に対しても，変容する産業経済社会とこれを規整する法秩序の関係，社会変容と人権思想や企業コンプライアンスの関係，政策・立法の展開がどのような将来社会を展望して行われるのか，総じて公権と市民社会の関係への大局的視野を養うことが，学部法学教育の任務であるというべきであろう。「労働法」もこの任務の一翼を担うものでなければならない。

(きくち　たかし)

労働組合における労働法教育
―― 労働者の権利状況と権利教育 ――

高 橋 　 均

(日本労働組合総連合会)

　本稿に与えられたテーマは「労働組合における労働法教育」である。「労働法教育」を広い意味での「労働者の権利教育」と捉え，報告したい。まず，労働者の権利状況，労働者と使用者の権利義務関係に関する認識状況を労働相談の実態や各種調査をもとに明らかにする。次に，連合や構成組織などで行われている労働者の権利教育の事例を挙げる。更に，現在，連合が着手しつつある学校における労働教育の試みについて紹介する。

I　労働者の権利状況と意識

1　蔓延する法違反

　労働者が置かれた状況を端的に示しているのが，全国から寄せられる労働相談である。

　厚生労働省の全国300カ所の「総合労働相談コーナー」への相談件数は年々増加し，823,864件（2004年度），東京都労働相談情報センターへの相談件数が44,737件（2004年度）となっている。相談の多くを占めるのは，解雇，賃金不払い，労働条件の切り下げなどである。解雇では，「明日から来なくてもよい」と言われたなどの相談が依然として多い。

　連合で行っている労働相談も同様の傾向を示している。相談件数は2004年11月から2005年10月の1年間で6,377件で，急増しているのは時間外手当・休日手当の不払い（1,108件）である。相談内容を見ていくと，36協定の未締結，締結されていても労使協定を超える時間外労働，そして時間外手当の未払いと何

特別企画⑤

重もの違法行為がなされている。月100時間を超える不払い残業を強いられ心身の健康に不安を感じる労働者や家族からの相談も相次いでいる。

2　労働者は「労働者の権利」をどれだけ知っているのか

NHK放送文化研究所が1973年から行っている「日本人の意識調査」(NHK放送文化研究所, 2004, pp.89-90)によれば，労働組合をつくることが憲法で国民の権利として保障されていることを知っている人は，1973年の39.3％から2003年の20.4％へと30年間に半減してしまった。そして，この数字は組合組織率の低下傾向(73年33.1％, 2003年19.6％)に見事に符合している。8割もの人々が組合結成は憲法に保障された権利であることを知らない。これは，労働運動にとって危機的な事態である。

さらに，連合総研が実施した『第5回勤労者の仕事と暮らしについてのアンケート調査』結果(以下，「連合総研調査」という。回答者は政令都市などに在住する民間企業に雇用されている労働者約1600名)も深刻な状況を物語っている。この調査では，9つ選択肢の中から「法律で労働者の権利として定められているものと思うもの」をすべて選択せよとの設問がある。実際に法律で労働者の権利として定められている6項目について，それらを権利として理解している割合をあわせて示すと以下のとおりである(数字は原・佐藤, 2005, pp.50-54による)。

「労働組合をつくること」　43.8％

「子供が1歳になるまで育児休業を取得できること」　41.4％

「残業した場合に賃金の割増を要求できること」　39.9％

「国で定められた最低賃金以上の賃金をもらえること」　54.6％

「年間最低10日以上の有給休暇を請求できること」　33.4％

「会社が倒産しても未払い分給与を請求できること」　37.8％

対象が労働者に限定されているので，例えば「労働組合をつくること」はNHK調査の2倍を超える者が権利として理解している。しかし，法定最低賃金を除きいずれの項目も過半数を下回り，身近な権利であるはずの有給休暇や割増賃金に対する理解がきわめて低い。しかも，これら6項目すべてを理解していた者はわずか3.4％でしかない。3項目以上を理解している者の合計がよ

うやく半数である。また，1つも答えられない者が13.9%も存在している。
　以上の調査結果を踏まえると大多数の労働者は憲法・労働法で保障された権利を正しく認識していないのが現状である。

3　組合職場の権利認識

　上記の「連合総研調査」結果では，職場の労働組合の有無による正答率は顕著な差が現れておらず，わずかに正答率が高いだけである。(原・佐藤，2005, pp.52-56)。これは，既存の労働組合において，一般組合員を対象とした十分な権利教育がなされていない，あるいは教育がされたとしても十分な効果をあげていないことを示している。確かに安定的な労使関係において，一般組合員が労働者の法的権利について日常的に意識する場面は少ないであろう。法律の最低基準を超える労働協約等により，労働条件が規律されているからである。そのことが，既存の企業別労働組合内における労働者の権利の空洞化を招いている可能性があるが，果たしてこの状況を是認してよいのだろうか。

　さらに，恥ずかしい話であるが，ある単組新任執行委員研修の場で，「労働基準法は努力規定か」と質問すると70%が「はい」と答えた事例があった。実際，労働組合がある職場であっても，36協定の協定時間を超える残業や不払い残業が行われ，それが，組合員や組合役員すら労働基準法違反であると認識していないケースが存在しているのも事実である。

　90年代半ば以降，相当のスピードで企業組織再編や労働条件の不利益変更など様々なリストラが行われてきた。加えてこの10年，急速に外部化の動きが進み，業務請負や派遣労働の活用，パートや契約労働者など非典型労働者の活用が増大し，労働者の雇用や権利の面では深刻な問題が生じている。しかし，企業別労働組合のレベルでは，彼ら彼女らの組織化や権利の確立という課題に対応できる知識と能力を必ずしも十分に身につけていないと言わざるを得ない状況なのである。

4　労働法に無知な使用者とルールなき職場

　他方，使用者の側の認識はどうだろうか。

特別企画⑤

　東京労働局が2005年10月に企業の人事・労務担当者（回答者570人の約6割が従業員300人未満の企業）を対象に実施した「企業の労務管理に対するアンケート[1]」によれば、整理解雇の四要件を知っている者は82％と高いが、知っている者のうち整理解雇の四要件のすべてを知っている者は55％、知らなかった者は45％を占めている。労働条件変更についてのルールがあることを知っている者は88％と高いが、知っている者のうち55％はルールがあることしか知らなかったと答えている。人事・労務担当者の過半数は実務上必要な知識を十分に持っていないと言えるだろう。

　また、連合が未組織労働者からの労働相談を受けて、労基法違反の是正や違法な解雇の撤回を求めて当該企業に乗り込んだ時に、使用者は、労働法を知らずに違法を繰り返した上で、自分たちの「正当性」を主張することがよくある。「我が社は労働基準法に加盟していない」と、全く訳のわからないことを言う経営者までいる始末だ。使用者が遵守しなければならない労働法に対する知識・認識の欠如が、無原則かつ恣意的な働かせ方を蔓延させているのではないか。

　このように、不払い残業や違法解雇などが広がる背景には、使用者も労働者も労働法に関する十分な知識がないという事情も横たわっているのだ。

　労働者側もこれらが法違反であるとの認識や、残業代の請求や有給休暇の取得が労働者の法的権利であるとの認識が欠如している結果、権利主張をしない、できない事態が拡がっている。まして、労働組合をつくることが憲法で保障された当然の権利として自覚されないところに、労働組合という労働者の集団的な力と団結をもって問題を解決していこうという発想は生まれようもない。

　労働者の高学歴化が進み、一見権利意識が高まっているように思われるが、現実には労使双方に法規範意識が薄まっていると言わざるを得ない。

　加えて、この10年来に繰り返された労働基準法、労働者派遣法などの労働法制の改定により、労働法は一般の人たちにとって大変わかりにくい複雑な法律になってしまった。有給休暇や残業代の請求が労働者の法的権利である、使用

1）　以下のウエッブサイト参照。
　　http://www.roudoukyoku.go.jp/topics/2005/20051228-roumu/index.html

者の法的義務であることさえ知らない人々に,このわかりにくく複雑な労働法制をどこまで理解してもらうことができるだろうか。働き方,働かせ方の多様化とその基本的なルールをどうわかりやすくしていくか,それを教育を通じてどう理解してもらい,同時に,職場でワークルールとして定着させていくのか。労働組合に課せられた課題は大きい。

II 労働組合や職場における労働者の権利教育

このような労働者の現状を踏まえ,労働組合がどのような権利教育・労働法教育を行っているかを紹介したい。

1 連合の取り組み

連合は,2005年10月の第9回定期大会で「組合が変わる,社会を変える——つくろう格差のない社会,職場・地域から」という方針を決定した。[2]「労働を中心とする福祉型社会」の実現をめざして,「組織の強化・拡大に取り組」むと同時に,「連合評価委員会」の指摘を受け止め,「労働者の意識改革および人材育成,さらに若年層の労働運動に対する理解促進」を進め,「全ての組織をあげて『労働教育』に取り組む」。さらに,「企業別組合の壁をのり越え,社会的労働運動に取り組」み,「『地域のニーズに対応し,地域社会に貢献する連合運動』をかかげ,地域活動強化に取り組む」こととした。その柱として「地域に根ざした顔の見える運動を推進するために」,「全国100地協を『モデル地協(地域協議会)』として立ち上げる」。「雇用・就労形態の多様化に対応するワークルールの確立」を掲げて,「パート・有期契約・派遣・請負等労働者の均等待遇の実現と権利の確立」「労働者のための『労働契約法』の制定」「仕事と生活の調和を図り,男女の平等・均等待遇の実現」などを課題として方針化している。

連合方針の中に「労働教育」が取り上げられたのは初めてのことであり,今

---

2) 運動方針は以下のウエッブサイト参照。
http://www.jtuc-rengo.or.jp/news/weekly/no691/02.html

特別企画⑤

後，すべての組織をあげて，「労働教育」を推進し，ワークルールの定着に努力していきたいと考えている。

連合で取り組む教育は主として，地方連合会や構成組織の役職員が対象である。連合本部主催の「オルガナイザー養成研修会」「労働相談対応の実務経験者交流会」では，組織化や労働相談の担当者を対象に，労働法教育も行っている。ワークルールの確立の取り組みでは，法改正への対応，連合要求実現キャンペーンなどを通じて，地方連合会や構成組織へ情報を伝達し，各組織の取り組みを促している。本部では「労働法制研究会」として，研究者や弁護士を招致した勉強会を開催している。

連合の関係団体である社団法人教育文化協会では，連合運動の次代を担うリーダー育成を目的に「Rengoアカデミー・マスターコース」を2001年以来4回にわたり開催してきた。毎回，構成組織や単組から20数名が受講している。全10カ月のプログラムで，期間中に集中合宿として8日間を1回，4日間を2回の計16日間行い，これ以外にゼミを開催し，修了論文の提出を義務づけている。政治・社会・労働に関する幅広い視野を持つことと専門性を深めることと同時に，リーダーとして自ら育っていくとの意識づけを行っている。コースの中で労働法も取り上げ，「労働法と労働組合」というゼミナールも設置している。

2 産別組合・単組レベルの取り組み

産別組合で独自にプラスしている取り組みが，単組リーダーや一般組合員に近いところでの教育の場となっている。ここでは，自治労，UIゼンセン同盟，JAMを取り上げる。

(1) 自治労の取り組み

自治労では，本部に教育センターを設置し，各県本部の教育担当者と連携しながら教育の効果を高めていく方向性を追究している。本部では県本部の新任役職員を対象とした「中央労働学校」(16日間合宿)，活動家の養成や組合員の技能向上・職業生活支援をテーマとしたセミナーや研究集会を開催している。各県本部では，単組活動家・組合員を対象に創意工夫をした多様な教育が行わ

1 高等学校・専門学校における労働教育

目的は，さまざまな産業の紹介とそこでの具体的な仕事内容を理解し，その上で，働く（契約に基づいて働く）ということ，労使が対等の立場で契約を結ぶこと，労働基準法・労働組合法の持つ意味，労働組合が果たす役割・社会的意義などについて理解することにおいている。地方連合会，産別組合，単組の役員が学校（あるいは出身校）に出向いて，自らの経験を生徒たちに伝えていきたい。できれば，総合学習や体験学習の時間を有効に活用できないかと考えている。まだ構想段階で具体化はこれからであるが，日教組とも連携しながら進めていきたい。

2 大学での講義開設と協力関係づくり

目的は高校と同じであるが，主として学部生を対象に，友好関係のある担当教授を通じて，オムニバス形式の講義の一環を担当したり，ゲストスピーカーとして参加することを考えている。この点に関しては，労働法学会の先生方にもぜひ積極的なご協力をお願いしたい。

さらに「寄付講義」型の連続講義の具体化を進めている。すでに，連合は教育文化協会と連携して，各産別の協力を得ながら日本女子大学家政学部において連合寄付講義「女性と労働組合」を通年で実施した。学生の反応が非常に良く，2006年度も継続することにしている。新たに同志社大学文学部において2006年度半期の講義を開講する。今後，一橋大学社会学部においても開講を検討している。

さらに，一橋大学で労働運動と連携した調査研究や教育を行う共同研究プロジェクト「レイバー・フォーラム」がスタートした。連合は，労働運動と大学との新しいパートナーシップと位置づけて，これを積極的に支援していこうと考えている。

Ⅳ おわりに——権利を知ることが活動の始まり

90年代半ば以降，倒産や解雇，賃金未払い，労働条件の切り下げなど労働者

特別企画⑤

への権利侵害が拡がる一方，地方連合会や地域ユニオン，各種相談機関への労働相談は増加している。これらは一見労働者個人の権利意識の高まりの結果であるように見えるが，現実は逆である。むしろ権利に関する知識は相談数に反比例して低下している。それは，労働組合のある職場の労働者の認識も未組織職場とそれほど変わらない。

その原因は，本稿で考察したとおり，未組織労働者の増加，労働組合自身の権利教育の不十分さ，学校での労働者の権利に関する教育の欠如などにあると思われる。

労働者が労働者としての基本的権利を認識すれば，権利を侵害する使用者に是正を求めて，個人として，あるいは集団としての活動が始まるし，組合づくりの可能性も拡がっていく。しかし，権利を知らなければ，不当だと思っても泣き寝入りするしか術がないし，不当な扱いを受けていることすら自覚できないこともあろう。組合組織率が18.7％にまで低下した現在，労働者の権利に関する教育を社会的に拡げていくことが，組織率低下を押しとどめ，組織化の可能性を拡げていく遠回りのようで一番の近道であると思う。

連合は労働者の権利教育の重要性を認識して，すべての組織をあげて「労働教育」に取り組む方針を打ち出した。大きな産別組合から小さな地域ユニオンまで様々な方法で教育はなされている。しかし，その効果はまだはっきりしていない。とはいえ今後も，職場に近い地方連合会や産別のオルガナイザー，企業別組合のリーダーに対する労働者教育はこれまで以上に必要であるし，連合にとっては新たな取り組みである学校教育における労働教育にも力を注ぎたい。

連合は，次世代を見据え，様々な人々とのコラボレーションを拡げながら，地域で，職場で労働運動の再生に向けた取り組みを強化していくことにしている。

【参考文献】
NHK放送文化研究所（2004）『現代日本人の意識構造［第六版］』NHK放送出版会。
中村圭介，連合総合生活開発研究所編（2005）『衰退か再生か：労働組合活性化への道』勁草書房。

原ひろみ・佐藤博樹（2005）「組合支持と権利理解」中村圭介，連合総合生活開発研究所編（2005）所収。

（たかはし　ひとし）

日本学術会議報告

浅倉　むつ子
（日本学術会議会員，早稲田大学）

1　第19期日本学術会議

(1)　第145回総会

　第19期学術会議の最後の総会（第145回総会）は，2005年8月29日から9月1日まで行われた。この総会では，7月に提出されていた外部懇談会（「日本学術会議の新体制のあり方に関する懇談会」）の最終報告（『日本学術会議の新しい体制のあり方——新体制の円滑な発足のための提案』）の内容が改めて紹介された。特筆すべきことは，この最終報告での学協会に関する記述である。ここでは「日本学術会議が従来から築いてきた学術研究団体との協力関係を，公的で対等な協働関係として発展させるため，日本学術会議の目的に賛同し，継続的に協働する学術研究団体を『日本学術会議協力学術研究団体』とする」と書き込まれた。新体制のスタートにあたって，学協会との「協力」「協働」関係をいかにして作り上げるかが，学術会議にとってはかなり大きな課題であるという認識が共有されるに至ったのである。総会では，主として次期学術会議への申し送り事項等について議論が交わされた。

(2)　対外報告書の公表

　第19期は，本来の任期3年が2年間に短縮され，この枠内で，新体制への議論を進めると同時にルーティンワークである学術からの対外的な発信も行わなければならず，非常に忙しかった。しかし2005年5月から9月にかけて，約80件の対外報告が運営審議会に提出されて，次々に公表された。これらは学術会議のHPで公表されているので，ぜひご参照願いたい（http://wwwscjgojp/ja/info/kohyo/data_19_2.html）。この中には，法学・政治学分野である第2部が関わった文書，たとえば「法科大学院の創設と法学教育・研究の将来像」や，「男女共同参画社会の実現に向けて——ジェンダー学の役割と重要性」なども含まれている。

2　第20期日本学術会議

(1)　第20期の会員の概要

　第20期の学術会議の会員の選考は，学協会からの推薦を基本とするこれまでの方式から一転して，co-optation方式（新会員を学術会議自体が選出していくという方式）になった。しかし初回の第20期の会員は，特別な方法で選ばれた。すなわち，内閣

総理大臣から任命された30名のメンバーからなる「日本学術会議会員候補者選考委員会」が，学協会からの会員候補者に関する情報提供をもとに，第20期の会員210名を選考したのである。私は，たまたま20期の会員に任命されたので，今後とも日本労働法学会において，学術会議の活動の報告をさせていただく。

さて，新学術会議は，①70歳定年制を採用したこと，②会員の任期を3年と6年にして，半数交替制をとったこと，③これまでの7部会制から3部会制にして，学問の枠を大括りにしたこと，などを新たな制度的特色としている。

そして，実際に選出された第20期会員をみると，概要，次のような特徴が浮かび上がる。第1に女性の会員が増えたことである。女性会員は，第19期の13名（6.2％）から第20期には42名（20％）に増え，3倍強の伸びとなった。第2に，年齢構成の変化である。第19期には63.5歳だった会員の平均年齢は，第20期には58.8歳となり，5歳若返った。そして第19期にはいなかった40歳台の会員が，第20期には14名となった。第3に，所属機関にも特徴があらわれた。第20期会員の勤務機関をみると，大学関係が176名，試験研究機関・病院などが21名，法人・団体関係・民間会社が13名である。第19期に比較して，特に国立大学関係が85名から129名に増えたという特徴がある。第4に，新会員が大幅に増えて，会員210名中，第19期から継続した会員は27名しかいなくなった。かなり大幅な入れ替えであったことがわかる。

(2) 第20期の体制

2005年10月3日〜5日にかけて第146回総会が行われ，新体制が発足した。会長には第19期に引き続き黒川清氏が選出され，3人の副会長には，浅島誠氏，大垣眞一郎氏，石倉洋子氏が，それぞれ選出された。

全体の構成としては3部制（第1部・人文社会科学系，第2部・生命科学系，第3部・理工学系）になり，会員の希望によって各部への配置が行われたが，第1部は73名，第2部は64名，第3部は73名の構成となった。法学が所属する第1部の部長には広渡清吾氏，副部長には佐藤学氏，幹事には鈴村興太郎氏と江原由美子氏が，それぞれ就任された。

委員会体制は，常置委員会として研究領域別に編成される30の分野別委員会，ならびに機能委員会として，企画委員会，選考委員会，科学者委員会，科学と社会委員会および国際委員会という5つの委員会が設置された。浅倉は，科学者委員会の中に作られている広報分科会の会長になり，日本学術会議が発行している月刊誌「学術の動向」の編集責任を負うことになった。

また，第1部が世話担当する分野別委員会は，言語学・文学，哲学，心理学・教育学，社会学，史学，地域研究，法学，政治学，経済学および経営学の10委員会で

ある。法学委員会には15名の会員が属しており、委員長には淡路剛久氏が、副委員長には浅倉が、それぞれ就任した。

(3) 今後の課題

新体制では、改革後の組織体制を軌道にのせる仕事とあわせて、学術の社会的責任を果たすための政策提言活動を、適宜、進めることが求められている。政策提言活動に関しては、時限を限った臨時委員会（課題別委員会）を設置して、会員および当該課題にふさわしい非会員の専門家を委員として配置して検討審議を行うことを基本方針としており、すでにいくつかの課題別委員会がスタートした。

組織体制づくりとして最も重要なことは、第1に、連携会員の選考であり、第2に、学協会と学術会議の新たな協働関係の構築である。

連携会員は、改革によって新設された制度であり、会員と連携して、日本学術会議の法律上の職務の一部を行うこととなっている。連携会員の選考は学術会議が行い、会長が任命することになっているが、約2000名の規模の連携会員の選考が予定されている（従来の研究連絡委員と同様の規模である）。現在の計画では、2006年3月末までに第1次選考を行い、7月末までに第2次選考が行われる予定である。第1次選考手続では、210名の会員がそれぞれ5名までの連携会員候補者を推薦して、その中から選出が行われることになっている。

学協会との関係については、かつて日本学術会議の「登録学術研究団体」（日本労働法学会はこれにあたる）および「広報協力学術研究団体」となっていた学協会に対して、現在、「日本学術会議協力学術研究団体」になることの希望確認が行われている。多数の学協会が、「希望する」旨の回答を寄せているとのことである。今後、具体的に、各部・各分野別委員会において、関連分野の学協会との連携・協力活動が進められることになるだろう。日本の科学技術の発展のためにも、日本労働法学会としても、今後とも学術会議との協働関係を持続していただけるようにお願いしたい。

(2006年2月10日記)

◆ 日本労働法学会第110回大会記事 ◆

　日本労働法学会第110回大会は，2005年10月16日（日）岡山大学において，「労働契約法の基本理論と政策課題」を統一テーマとして開催された（以下，すべて敬称略）。

1　報　告
統一テーマ「労働契約法の基本理論と政策課題」
司会：唐津博（南山大学），浜村彰（法政大学）
報告内容：
鎌田耕一（東洋大学）「労働契約法の立法化の意義と適用範囲——新たな契約類型の形成に向けて——」
三井正信（広島大学）「企業の社会的権力コントロールと労働契約法——人権・人事・解雇を対象として——」
川田知子（亜細亜大学）「有期労働契約の新たな構想——正規・非正規の新たな公序に向けて——」
野川忍（東京学芸大学）「労働契約内容の特定と変更の法理——就業規則による労働契約コントロールの構造——」

2　総　会
　1．大会開催予定
　中窪企画委員長から，今後の大会予定に関して次のような報告がなされた。

◆ 111回大会 ◆
(1)　日時・会場
日時：2006年6月4日（日）
会場：岩手大学
(2)　テーマ
1)　個別報告
〈第一会場〉
①石田信平（同志社大学大学院）「労働契約における組織性と共同性——トイプナ

ーの自省的法を踏まえて——」
②水野圭子（法政大学）「EU並びにフランスにおける経営主体の変更と労働契約の承継」
〈第二会場〉
①國武英生（北海道大学大学院）「イギリスにおける労働法の適用対象とその規制手法」
②長谷川聡（中央大学大学院）「イギリスにおける間接差別の法理——日本への適用可能性に関する一考察——」
 2） 特別講演
　　花見忠会員（上智大学名誉教授）が行う。テーマは未定。
 3） ミニシンポジウム
①「労働契約法制——立法目的と実現方法——」
司会：野田進（九州大学）
報告者：川口美貴（関西大学）
　　　　米津孝司（東京都立大学）
　　　　盛誠吾（一橋大学，担当理事）
　詳しい内容については，第110回大会のシンポジウムを踏まえて決定するため，未定。
②「労働訴訟」
担当理事：宮里邦雄（弁護士）
報告者：徳住堅治（弁護士）・中町誠（弁護士）
　　　　「労働裁判の手続の現状と改革の動向」
　　　　石嵜信憲（弁護士）・古川景一（弁護士）
　　　　「労働審判の手続上の問題と調停・審判内容をめぐる問題」
コメンテーター：菅野和夫（明治大学）
③「プロスポーツと労働法」
担当監事・司会：土田道夫（同志社大学）
報告者：川井圭司（同志社大学）「総論：プロスポーツ選手の法的地位」
　　　　根本到（神戸大学）「プロスポーツ選手の労働者性・労働契約法上の問題」
　　　　報告者未定「プロスポーツ選手と労働組合」

◆ 112回大会 ◆
(1) 日時・会場
日時：2006年10月15日（日）

会場：南山大学
(2) テーマ
統一テーマ：「安全衛生と健康」
担当理事：中窪裕也（九州大学）
司会：西村健一郎（京都大学）
報告者：岩出誠（弁護士），小畑史子（京都大学），品田充儀（神戸市外国語大学），
　　　　水島郁子（大阪大学）

◆ 113回大会（2007年春）
(1) 日時・会場
日時：2007年春
会場：法政大学　市ヶ谷キャンパス
(2) テーマ　　未定。

２．学会誌について
浜村編集委員長から，以下の報告がなされた。
(1) 学会誌106号の発行が大会日程の都合により遅れること，およびこの点はすでに理事会で承認をうけていることが報告された。また，頁数増加のため，通常より値段が高くなる予定となることが報告され，了承された。
(2) 査読委員長が，任期満了により唐津会員から野川会員に交代することが報告された。

３．日本学術会議報告
浅倉会員より以下の報告がなされた。
(1) 第19期学術会議
　2005年8月29日〜9月1日，第19期の最後の総会となる第145回総会が執り行われた。そこでは，次期学術会議への申し送り事項等について議論が交わされた。
　また，法学・政治学分野である第2部会は，2005年7月7日〜8日，熊本学園大学において夏季部会を開催し，「地域住民の福祉環境とエンパワーメント」というシンポジウムを実施した。
(2) 第20期学術会議
　学術会議の会員の選出方法が，学協会からの推薦というこれまでの方式から，co-optation 方式（新会員を学術会議自体が選出していくという方式）に変更された。しかし，初回の第20期会員は，総理大臣から任命されたメンバーからなる「日

本学術会議会員候補者選考委員会」による選考という特別な方法により選ばれ，日本労働法学会からは浅倉むつ子会員が選ばれた。

　新学術会議は，①70歳定年制を採用したこと，②会員の任期を3年と6年にして半数交代制をとったこと，③3部会制をとって学問の枠を大括りにしたことなどが特色である。

4．国際労働法社会保障法学会について

　荒木会員より以下の報告がなされた。

1）　第8回ヨーロッパ地域会議が，2005年9月20～23日にボローニャ（イタリア）で開催された。開催中に執り行われた理事会において，菅野和夫会員が次期会長に選出された。

2）　第8回アジア地域会議が，2005年10月31日～11月3日に台北（台湾）で開催される。同会議において，日本労働法学会より，基調講演を菅野和夫会員（明治大学）が，第1テーマ「女性の労働市場への参加：21世紀の雇用におけるジェンダー平等を目指して」のナショナル・レポータを相澤美智子会員（一橋大学）が，第2テーマ「リストラクチャリングの進展と労働者の権利保護」のナショナル・レポータを石田眞会員（早稲田大学）が，第3テーマ「アジアにおける高齢者保障・年金制度」のジェネラル・レポータおよびナショナル・レポータを森戸英幸会員（成蹊大学）がそれぞれ担当する。

3）　第18回2006年第18回世界会議が2006年9月5～8日にパリ（フランス）で開催される。同会議において，日本労働法学会より，第1テーマ「貿易自由化と労働法・社会保障」に中窪裕也会員（九州大学），第2テーマ「労働法と分散化」に水町勇一郎会員（東京大学），第3テーマ「職業上のリスク：社会的保護と使用者の責任」に川口美貴会員（関西大学）がそれぞれナショナル・レポータとして参加する。

5．入退会について

　青野事務局長より退会者5名，および以下の9名について入会の申込みがあったことが報告され，承認された（申込み順）。

　下井康史（新潟大学），佐崎和子（福岡大学大学院），藤原淳美，小前和男（社会保険労務士），橋爪幸代（上智大学），吉田和央（労働政策研究研修機構），磯野真一（筑波大学大学院），髙橋彩花（姫路労働基準監督署），末永将太（労働開発研究会出版グループ）。

6．その他
(1) 本学会規約11条の改正
　青野事務局長から，監事の選出について定めた本学会規約11条の改正に関わる理事会の提案について説明があった。
　採決の結果，総会出席会員の3分の2以上の賛成をもって，次の通り同11条を改正することとされた。
〈現行〉
　第11条
　(1) 理事及び監事の任期は3年とし，理事の半数は1年半ごとに改選する。但し再選を妨げない。
　(2) 補欠の理事及び監事の任期は前任者の残任期間とする。
　　（改正　昭和30・5・3　第10回総会）
〈改正後〉
　第11条
　(1) 理事の任期は3年とし，理事の半数は1年半ごとに改選する。但し再選を妨げない。
　(2) 監事の任期は3年とし，再選は1回限りとする。
　(3) 補欠の理事及び監事の任期は前任者の残任期間とする。
(2) 選挙管理委員会の設置
　2005年12月に実施される予定の理事・監事選挙の選挙管理委員会の委員に，理事から山田省三理事が，その他の会員から，長谷川珠子会員（日本学術振興会），畑中祥子会員（中央大学大学院），細川良会員（早稲田大学大学院），山本圭子会員（法政大学）が，それぞれ選出され，選挙管理委員会が設置された。

◆ 日本労働法学会第111回大会案内 ◆

1　日時：6月4日（日）
2　会場：岩手大学
　　　　〒020-8550　岩手県盛岡市上田3丁目18-34　岩手大学人文社会科学部
　　　　TEL　019(621)6704（人文社会科学部事務室）
　　　　FAX　019(621)6715（人文社会科学部事務室）
3　個別報告・特別講演・ミニシンポジウムの内容（以下，敬称略）

《個別報告》　午前9時20分～11時25分
〈第一会場〉
①石田信平（同志社大学大学院）「労働契約関係における組織性と共同性――Hybrid Contractの観点から――」
②水野圭子（法政大学）「経営組織変動と労働契約の承継――経済的実体とはなにか――」
〈第二会場〉
①國武英生（北海道大学大学院）「イギリスにおける労働法の適用対象とその規制手法」
②長谷川聡（中央学院大学）「雇用の場における間接差別の概念」

《特別講演》　午前11時30分～午後12時15分
花見忠（上智大学名誉教授）「労働法の50年」

《ミニシンポジウム》　午後2時～午後5時
〈第一分科会〉
テーマ：「労働契約法――立法化の意義・構造・原理」
司　会：野田進（九州大学）
報告者：米津孝司（東京都立大学）「労働契約の構造と立法――企業統治と労働契約法制――」
　　　　川口美貴（関西大学）「労働契約の原理と立法化――契約原理とその労働法的発展」
コメンテーター：盛誠吾（一橋大学，担当理事）
〈第二分科会〉
テーマ：「労働訴訟」
司　会：宮里邦雄（弁護士）

報告者：徳住堅治（弁護士）・中町誠（弁護士）「労働裁判の手続の現状と改革の動向」
石嵜信憲（弁護士）
古川景一（弁護士）「労働審判制度／判定機能と調停機能の相克」
コメンテーター：菅野和夫（明治大学）

〈第三分科会〉
テーマ：「プロスポーツと労働法」
司　会：土田道夫（同志社大学）
報告者：川井圭司（同志社大学）「プロスポーツと労働法をめぐる国際的動向」
　　　　根本到（神戸大学）「プロスポーツ選手の労働者性・労働契約法上の問題」
　　　　中内哲（熊本大学）「プロスポーツ選手と集団的労働法──とくに野球界・サッカー界における団体交渉の可能性に着目して──」

日本労働法学会規約

第1章 総　　則

第1条　本会は日本労働法学会と称する。
第2条　本会の事務所は理事会の定める所に置く。（改正，昭和39・4・10第28回総会）

第2章 目的及び事業

第3条　本会は労働法の研究を目的とし，あわせて研究者相互の協力を促進し，内外の学会との連絡及び協力を図ることを目的とする。
第4条　本会は前条の目的を達成するため，左の事業を行なう。
　1，研究報告会の開催
　2，機関誌その他刊行物の発行
　3，内外の学会との連絡及び協力
　4，公開講演会の開催，その他本会の目的を達成するために必要な事業

第3章 会　　員

第5条　労働法を研究する者は本会の会員となることができる。
　本会に名誉会員を置くことができる。名誉会員は理事会の推薦にもとづき総会で決定する。
　（改正，昭和47・10・9第44回総会）
第6条　会員になろうとする者は会員2名の紹介により理事会の承諾を得なければならない。
第7条　会員は総会の定めるところにより会費を納めなければならない。会費を滞納した者は理事会において退会したものとみなすことができる。
第8条　会員は機関誌及び刊行物の実費配布をうけることができる。（改正，昭和40・10・12第30回総会，昭和47・10・9第44回総会）

第4章 機　　関

第9条　本会に左の役員を置く。
　1，選挙により選出された理事（選挙理事）20名及び理事会の推薦による理事（推薦理事）若干名

日本労働法学会規約

2．監事　2名

(改正，昭和30・5・3第10回総会，昭和34・10・12第19回総会，昭和47・10・9第44回総会)

第10条　選挙理事及び監事は左の方法により選任する。

1．理事及び監事の選挙を実施するために選挙管理委員会をおく。選挙管理委員会は理事会の指名する若干名の委員によって構成され，互選で委員長を選ぶ。

2．理事は任期残存の理事をのぞく本項第5号所定の資格を有する会員の中から10名を無記名5名連記の投票により選挙する。

3．監事は無記名2名連記の投票により選挙する。

4．第2号及び第3号の選挙は選挙管理委員会発行の所定の用紙により郵送の方法による。

5．選挙が実施される総会に対応する前年期までに入会し同期までの会費を既に納めている者は，第2号及び第3号の選挙につき選挙権及び被選挙権を有する。

6．選挙において同点者が生じた場合は抽せんによって当選者をきめる。

推薦理事は全理事の同意を得て理事会が推薦し総会の追認を受ける。

代表理事は理事会において互選し，その任期は1年半とする。

(改正，昭和30・5・3第10回総会，昭和34・10・12第19回総会，昭和44・10・7第38回総会，昭和47・10・9第44回総会，昭和51・10・14第52回総会)

第11条　理事の任期は3年とし，理事の半数は1年半ごとに改選する。但し再選を妨げない。

監事の任期は3年とし，再選は1回限りとする。

補欠の理事及び監事の任期は前任者の残任期間とする。

(改正，昭和30・5・3第10回総会，平成17・10・16第110回総会)

第12条　代表理事は本会を代表する。代表理事に故障がある場合にはその指名した他の理事が職務を代行する。

第13条　理事は理事会を組織し，会務を執行する。

第14条　監事は会計及び会務執行の状況を監査する。

第15条　理事会は委員を委嘱し会務の執行を補助させることができる。

第16条　代表理事は毎年少くとも1回会員の通常総会を招集しなければならない。

代表理事は必要があると認めるときは何時でも臨時総会を招集することができる。総会員の5分の1以上の者が会議の目的たる事項を示して請求した時は，代表理事は臨時総会を招集しなければならない。

第17条　総会の議事は出席会員の過半数をもって決する。総会に出席しない会員は書面により他の出席会員にその議決権を委任することができる。

第 5 章　規約の変更

第18条　本規約の変更は総会員の 5 分の 1 以上又は理事の過半数の提案により総会出席会員の 3 分の 2 以上の賛成を得なければならない。

学会事務局所在地
　　　〒101-8301　東京都千代田区神田駿河台1-1明治大学研究棟1227号室
　　　　　電話　03-3296-2333
　　　　　e-mail　rougaku@kisc.meiji.ac.jp
　　（事務局へのご連絡は毎週金曜日午前10時より12時までの間に願います）

SUMMARY

Discussions et Problèmes Principaux sur le Législation relative au Contrat de Travail

Akira HAMAMURA

I   Introduction

II   Maintenant, Pourquoi le Loi est-il nécessaire?

III Caractère et Problème Principal du Projet de Loi

IV   Objet des Rapports

SUMMARY

The Scope of Application and the Basic Structure of Law of Employment Contract

Koichi KAMATA

A Committee founded by Ministry of Health, Labor and Welfare reported on the law of employment contract last autumn. The Committee proposed to make a new statute on the law of employment contract and called our attention to several problems about it. Among them is problem of a scope of application of the new statute.

This Problem has been discussed as one of a legal notion of an "employee". According to the Committee, the new statute should be applied not only to employee, but also to "dependent contractor", which is not "employee". This proposition is important in front of recent situation of employment relationships. Because companies use other form of contract more frequently than contract of employment, with the intention of nullifying or attenuating the protection afford by the law. It is called "a disguised employment relationship".

But, There is no argument in the report made by the Committee why a person, which is not employee, should be protected by a new statute. According to traditional opinions on the notion of contract of employment, employee performs work under the directions of employer in return for remuneration. But this notion does not fit to new situation further. A lot of worker in modern companies perform work autonomy.

How can man identify an agreement between companies and workers as a contract of employment? I argued a new category of employment contract. I think, "economically dependence" is important in order to define a new category. If a worker provides service in economically dependent relationship with companies, the worker can not really undertake a risk arising from employment relationship.

SUMMARY

  Comparing contract of employment with other contract for service, one is distinguished from others by a test, which undertakes risk between user or worker. The contract of employment should be understood as the contract, under which employer undertake the risk arising from the employment relationships.

SUMMARY

The Control over Social and Economic Powers of the Enterprise by the Law of Contract of Employment

Masanobu Mitsui

Ⅰ Problems
Ⅱ Basic Conception of the Law of Contract of Employment
　1 Introduction
　　(1) Article 27, Paragraph 2 of the Constitution and the Labor Standard Law as the Basic Law of Individual Labor Law
　　(2) Article 27, Paragraph 2 of the Constitution as the Constitutional Base of the Law of Contract of Employment
　2 Articles 1 and 2 of the Labor Standard Law and the Law of Contract of Employment
　　(1) Article 2 of the Labor Standard Law as Basic Principle (Basic Idea) of the Law of Contract of Employment
　　(2) The Signification of Article 2, Paragraph 2 of the Labor Standard Law
　　(3) Article 1 of the Labor Standard Law as Public-Order Norm of Individual Labor Relations
　　(4) The Significations of Articles 1 and 2 of the Labor Standard Law
　　(5) The Labor Standard Law as the law of Contract of Employment
　　(6) The Control over Social and Economic Powers of the Enterprise by Case Law of Contract of Employment
Ⅲ Interpretative and Legislative Basic Design of the Law of Contract of Employment
　1 The Direction of Basic Design
　2 Protection of Human Rights of Workers
　3 Control over Personnel Changes
　4 Regulations on dismissals

SUMMARY

(1) The Doctrine of Abusive Dismissal and the Principle of Establishment of Labor Standards
(2) Problems of Pecuniary Resolution of Wrongfull Dismissal
(3) Lack of Regulations on Constructive Dismissal

Ⅳ Summary Conclusion

SUMMARY

Neue Reglungskonzeption des befristeten Arbeitsvertrages

Tomoko KAWADA

Der Arbeitgeber nutzt die Flexibilität der Arbeit aus. Befristete Arbeitsverträge sind zwar für viele Arbeitnehmer die Einstiegschance ins Berufsleben, führen aber verschiedene Probleme herbei. Der Arbeitgeber wiederholt die Erneuerung des befristeten Arbeitsvertrages und ändert dabei sogar die Arbeitsbedingungen ab, soweit es die der Vertragsfreiheit erlaubt.

Die deutsche Rechtsprechung hat schon in 60 Jahren (BAG GS 12. 10. 1960 = AP BGB §620 Befristeter Arbeitsvertrag Nr. 16) bei Vertragsabschluss einen sachlichen Grund für die Befristung gefordert, mit der Begründung, dass durch die Befristung zwingender Kündigungsschutz umgangen werde. Seit dem Inkrafttreten des TzBfG zum 1. 1 2001 sind befristete Arbeitsverträge nur zulässig, wenn die Befristung durch die dort genanten sachlichen Gründe (§14 Abs. 14) gerechtfertigt sind.

Durch die Novellierung des Arbeitsstandardgesetzes von 2003 gibt es heute in Japan auch Kündigungschutzbestimmung (§18 - 2). Deshalb schlage ich hier entsprechend der deutschen Rechtsentwicklung vor:

- Die rechtswirksame Vereinbarung einer Befristung soll voraussetzen, dass bei Vertragsabschluss ein sachlichen Grund besteht.
- Der Bericht über das künftige Arbeitsvertragsgesetz vom Ministerium für Wohlfahrt und Arbeit ist daher unbefriedigend, weil er vom Arbeitgeber nur die ausdrückliche Darstellung der Erneuerungsmöglichkeit der befristeten Arbeitsverträge verlangt.
- Das Diskriminierungsverbot wegen Beschäftigungsformen muss verankert werden. Der Arbeitnehmer darf wegen der Befristung des Arbeitsvertrages nicht schlechter behandelt werden, es sei denn, dass

SUMMARY

sachliche Gründe die unterschiedlichen Behandlungen rechtfertigen.

– Eine Allgemeine Lockerung der Befristung unter den Namen "Probearbeitsverhältnis" darf nicht erlaubt werden. Der Erprobungszweck muss ausdrücklich im Vertrag dargestellt werden. Die Dauer der Probezeit im unbefristeten Arbeitsvertrag muss angemessen begrenzt werden.

SUMMARY

Legal Principle on Specification and Change of the Contents of a Labor Contract

Shinobu NOGAWA

It is said that a labor contract is ordinarily not fixed and the feature is in the place which has dynamic contents. In Japan, it is rare for each labor contract to be indicated by the document and to be agreed on it clearly, and it is said that the contents of a labor contract are based on regulation of work rules. However, a employer can create and change work rules one-sided. Then, if the contents of work rules is to be regard as the contents of labor contracts, the theory for explanation is required for them. Japanese courts developed the theory that if the contents of work rules are rational, it will be recognized as the contents of the labor contracts.

Furthermore, according to the theory of the court, the measure of changing working conditions, that is disadvantageous for workers, into contents by work rules, will also restrain laborers, if rationality is accepted.

About this principle of law of the courts, various interpretations have been made by the academic theories. However, any theory is not sufficiently persuasive.

About this problem, the following views are appropriate.

In principle, a labor contract should be formed of agreement and changed by agreement to the last. Then, regulation of work rules becomes the contents of the labor contract because agreement exists.

That is, if it could be recognized, that workers consent to become one of the employees to whom regulation of the work rules concerned is applied, regulations in work rules will be regarded as the contents of labor contracts. The concept of rationality should be understood to be the

SUMMARY

norm-concept which limits this agreement.

Furthermore, it should be also interpreted, that changing labor conditions by reforming work rules may become effective when a worker agree on change of the system by work rules. However, the agreement does not mean the consent at every individual worker. It should be recognized that a worker agree with that he/she enter into the scope of the changed system by the revised work rule.

In order to recognize as so, the group who represents with justice all the employees who are applied of work rules has to exist. And if the group agree with change of work rules, it will be thought that each employee also agree with that in principle. For example, when the group makes a sacrifice unfairly on the profits of a small-number group in all workers and aims at much increase of the profits of a larger group, it is regarded as injustice.

On the otherhand, It could be regarded that there are many serious problems in the report submitted in September 2005, and the report shall not be classified as a base of a new labor contract law.

編集後記

◇ 本誌は，2005年10月16日に岡山大学で開催された日本労働法学会第110回大会におけるシンポジウム「労働契約法の基本理論と政策課題」の報告論文を中心に編集されている。2005年9月に厚生労働省「今後の労働契約法制の在り方に関する研究会」報告書が出されて労働契約法の立法化論議が本格化する中で，学会としてもこれを正面から受け止めて活発に議論することが求められている。本誌がそのひとつの契機となれば幸いである。

◇ また，本誌では，回顧と展望のほかに，「労働法教育の今日的課題」という特別企画を掲載している。すでに100号で「労働事件の専門性と労働法教育」というミニシンポを，105号では「法科大学院における労働法教育」という座談会を行っているが，前学会誌編集委員会の引継ぎ事項の一つとして新編集委員会において検討した結果，本号においても労働法教育に関するミニ特集を行うこととした。最近の労働法制の複雑化により労働関係の当事者に求められる労働法の知識がより高度化するとともに，大学院の労働法研究者の養成教育や学部の労働法教育のあり方も深刻な見直しを迫られているからである。

◇ 本誌の発刊スケジュールが非常に厳しい中，査読委員長である野川忍会員と査読をお願いした各会員には本当にご無理をお願いした。そうした事情にもかかわらず，極めて丁寧な査読をしていただき，各会員にはあらためてお礼を申し上げたい。

◇ 最後に，本号の編集に当たっては，法律文化社編集部長の秋山泰さんに大変にお世話になった。心からお礼を申し上げたい。　　　　　　　（浜村彰／記）

《学会誌編集委員会》
浜村彰（委員長），島田陽一，相澤美智子，上田達子，緒方桂子，奥野寿，佐藤敬二，高橋賢司，武井寛，中川純，橋本陽子，原昌登，山下昇

労働契約法の基本理論と政策課題　　日本労働法学会誌107号

2006年5月10日　印　刷
2006年5月20日　発　行

編 集 者　日本労働法学会
発 行 者

印刷所　株式会社 共同印刷工業　〒615-0064 京都市右京区西院久田町78
　　　　　　　　　　　　　　　　電　話　(075)313-1010

発売元　株式会社 法律文化社　〒603-8053 京都市北区上賀茂岩ヶ垣内町71
　　　　　　　　　　　　　　　電　話　(075)791-7131
　　　　　　　　　　　　　　　Ｆ Ａ Ｘ　(075)721-8400

2006 Ⓒ 日本労働法学会　Printed in Japan
装丁　白沢　正
ISBN4-589-02951-0